王辅仁　著

极简藏传佛教史

青海出版传媒集团
青海人民出版社

图书在版编目（CIP）数据

极简藏传佛教史 / 王辅仁著 . -- 西宁 : 青海人民出版社，2020.3（2025.7 重印）
ISBN 978-7-225-05558-9

Ⅰ . ①极… Ⅱ . ①王… Ⅲ . ①喇嘛宗—佛教史 Ⅳ . ① B946.6

中国版本图书馆 CIP 数据核字（2019）第 285033 号

极简藏传佛教史

王辅仁　著

出 版 人　樊原成
出版发行　青海人民出版社有限责任公司
西宁市五四西路71号　邮政编码:810023　电话:（0971）6143426（总编室）
发行热线　（0971）6143516/6137730
网　　址　http://www.qhrmcbs.com
印　　刷　青海雅丰彩色印刷有限责任公司
经　　销　新华书店
开　　本　880mm × 1230mm　1/32
印　　张　7.5
字　　数　177千
版　　次　2020年3月第1版　2025年7月第4次印刷
书　　号　ISBN 978-7-225-05558-9
定　　价　36.00元

目 录

第一章

佛教在吐蕃的早期传播

一、佛教在印度的兴起和发展

佛教的兴起——佛教的基本教义（灵魂转生“三法印”“四圣谛”）——小乘和大乘——显宗和密宗——印度大乘佛教的代表人物——中观论和唯识论——佛教在印度的衰落

根据公元 1 世纪前后的佛教历史文献记载，佛教的创始人是释迦牟尼，译成汉文意为“能仁”，以前许多地方有“能仁寺”，就是从这里来的。释迦牟尼在世的年代，一般说成是公元前 560 至 480 年之间。佛教文献记载说，释迦牟尼生在印度的迦毗罗卫国，他的本名是悉达多，属于乔答摩王族，他本人是一个王子的身份。据说他看到人世间生老病死的痛苦，很想找一个解脱的途径，于是从 29 岁起，离开他父亲那条件优越的家庭，在外漂泊流浪了六七年。他放弃一切欲望，拒绝了“恶魔”给予幸福生活的引诱，最后忍受住一切苦难，找到了一条“解脱”的道路，从这时起他就被称为“佛陀”，佛陀的意思是觉者、知者、智者。后来他又在印度恒河流域一带传教，他创立的这个教，就是佛教。关于释迦牟尼的这些说法，在他的时代并没有任何文字记载，而是在他死后 500

年之久，由佛教徒追溯历史而记录的。世界各地的佛教徒，对这样的记载都不加怀疑，但是我们对这段记载有我们的理解。

我们认为，佛教是一种社会思潮，是一定社会条件的产物，它并不是某一个个人的创造。我们主要关心的不是释迦牟尼这个人的身世和他创立佛教的过程，我们要研究的是公元前 6 至 5 世纪，也就是佛教兴起的时期，印度的社会经济背景。

这一时期，在印度经济发达的区域内，农村公社进一步走向瓦解，奴隶主阶级赤裸裸地控制了社会的权力，残存的原始社会末期的农村公社的某些传统已被抛弃，这就使当时的阶级关系出现了激烈的对抗。在这个时期中，印度社会上出现了许多有关人类平等的言论，有的反映了破了产的、被奴役的农村公社成员的不满情绪，也有的反映了奴隶主统治的城市中下层群众的不满情绪。像早期佛教关于一切众生在“解脱”的权利方面平等的思想，在这类言论里已有反映。很显然，佛教正是这一特定历史时期的产物。由于佛教的教义对于统治阶级——奴隶主阶级——并没有什么危险，奴隶主阶级不但没有反对它，而且很快地利用了这一新的宗教教义，来代替旧的、在原始公社瓦解时就已经产生了的婆罗门教。由于婆罗门教对于已经形成的大奴隶主专制的国家已不能作为满意的思想统治基础，才会由一个比较发达的奴隶制社会的思想体系来取代它，这就是佛教产生的社会经济背景。

适应比较发达的奴隶制社会需要的佛教教义中，灵魂转生的思想占有重要的位置。它主要是说，一个人死了以后，他的灵魂不灭，或者投生为人，或者转生为其他动物，这也就是所谓的“轮回”。按佛教的说法，如果一个人的行为是正当的，也就是说他服服帖帖地忍受命运的支配，毫无怨言、毫无反抗地甘心被奴役的话，死后他的灵魂就可以得到一个幸运的转生，可以转生为帝王将相、贵族英雄，甚至可以超脱为神。如果一个人犯了“罪业”，也就是敢于反抗命运的摆布，那么他死后就要转生为动物、昆虫，甚至被打入地狱，永远不得转生。后期佛教中有所谓“六道轮回”之说，即是天、阿修罗、人（这三道又总称为“三善趣”）和畜生、饿鬼、地狱（这三道又总称为“三恶趣”）。能够在“三善趣”中轮回，要比“三恶趣”好，但还不是极乐。佛教的教义说，生命就是苦难，每个人固然应该忍受、顺从以便得到来生的幸福，到“三善趣”中去轮回，但是转生就意味着开始新的生命，也就是意味着开始了新的苦难。而且即使在“三善趣”中，如果犯了“罪业”，还有坠入“三恶趣”的危险。因此，最高的境界是死后不再转生，不再受轮回之苦，佛教把这叫作“涅槃”。到了涅槃这个境界，就算是入了不生不灭的世界。佛教教义还说，人之所以转生轮回，是因为有“贪嗔痴”等欲望，因此，要想登上涅槃这个美妙境界，就要从根本上断绝一切欲望。

佛教教义中还有一个经常提到的概念，“三法印”。据说释迦牟尼在世时，弟子曾问他如何鉴别佛教的教理和非佛教的教理。释迦牟尼便提出了“三法印”的鉴定方法。“三法印”即如同佛教的三个印鉴，以某一说法和这三个印鉴相对照，符合的就是佛法，不符合的就是“外道邪说”。释迦牟尼提出的“三法印”有如下内容：

“诸行无常”。佛教对“行”的解释有三点，一是行动，二是迁流，即延续和承前启后，三是造作，即有所成就，有所作为。“诸行无常”的意思是说，凡是能够有所作为的一切事物，都不可避免地要经历“生住异灭”四个阶段。生即产生，住即暂时地维持不变，异即发生变化，灭即灭亡消失（有的人将这四个阶段简称为“生死”）。既然一切生物和器物，乃至于依托在这些生物和器物之上的活动和作用，都不可避免地要经历“生住异灭”的阶段,那么,宇宙间一切事物便都算不得“常”（永恒不变），都是无常的。这个法印是从时间的观念上来证明宇宙间一切有所作为的事物都是一瞬间的存在，它无时无刻不在发生着变化，而这些变化都是往完结的过程上发展。

“诸法无我”。“法”是指概括宇宙间的一切万有而言。佛教给“法”字下了一个定义——“任持自性，轨生物解”。通俗地说，就是一种东西，能自成一体（任持自性），并且有一种共同的法则产生（轨生），别的事物因而能够认识它（物解）。比如人，有各种各样的人，其间的区别不可谓不大，但所有的人都有一种相同的“体”和相同的规范，因而其他的物都能辨认出他们是人类。佛教又把法分为两种：一种叫“有为法”，即是有所造作并具有“生住异灭”的一切事物；一种叫“无为法”，即无所造作的，从“体”上来说是寂静的没有挂碍而常住不变的事物。“我”，按佛教的解释，就是绝对的有，或者说有其自性的有。也就是说不需要任何外缘来构成它，它自身就存在着，而且有不同于其他事物的独特的性质。“诸法无我”的意思是说,一切有为法和无为法（总称诸法）就其终极的意义上来说，都是没有自性可言的。因为它们都是由于种种因缘凑合起来，才成其为法的。若不是种种因缘的聚合，事物（法）剩下来的只是甲乙丙丁等几个原素而已。例如一部车（佛教喜用车为例），看起来是车，拆散了就不是，是木材，是森林，是修造这部车的人和事。只有这些因素在一定的因缘关系下聚在一起,才成其为车的。“诸法无我”是说在最终极的意义上，根本就没有绝对的实有，也即是从空间观念上来证明世界万物并非实有。

"涅槃寂静"。这个法印是说，既然一切事物没有绝对的存在和绝对的实有，那么每个人就应该破除对任何事物的欲望。如果真的断除了欲望（佛教把欲望叫作"痴见"），那就不会起贪心、憎恨心、痴心，也就不会做"恶业"，这样就可以永远免于跌到流转轮回中去，这就是超脱、解脱，也就是梵语里的"涅槃"。涅槃是与"诸行无常""诸法无我"的世俗存在截然不同的无上境界。佛教给涅槃规定了四个好处，即所谓"涅槃四德"：常、乐、我、净。"常"即是永恒不变，无始无终。"乐"即是永离轮回之苦。"我"即是真实、自在，并非登上涅槃就化为乌有了，而是诸法无我，涅槃有我。"净"也就是佛教所说的"无漏"。按佛教教义，轮回是由"惑"来推动的，惑的根本是愚痴，一切生物因愚痴而引起烦恼，因烦恼而造业，因造业而得苦果，因得苦果而更加烦恼，于是就更造业，更得苦果，这就是永远坠入轮回的一套因果。涅槃中的"净"就是永远离开"惑"，断除烦恼。实际上这个净是给"涅槃四德"中的"乐"作的注解。

也有的佛教徒说释迦牟尼提出的是"四法印"，除以上三个外还有"有漏皆苦"。佛教给有漏下的定义是"于有漏随增，故名曰有漏"，这是用定义解释定义，等于没有解释。我们理解，佛教讲的有漏和无漏的对象很广泛，既有精神，又有物质，既有生物，又有器物。简单地说凡是没有断绝贪憎痴的生物和贪憎痴所依托的对象，无论它是生物还是器物，都是有漏。例如某人贪爱黄金，则这人与黄金都是有漏。又如我恨某一个人，则这个人和我都是有漏，尽管他可能还不知道被我憎恨。这样，恐怕人世间的一切都是有漏了。反过来，只有断绝了贪憎痴的生物，而且也不成为别人贪憎痴的对象，才能算是无漏了，无漏即是涅槃四德中的“净”。总之,凡轮回各界内的一切有情之物与无情之物一概都是有漏，既是在轮回之中，那当然就是“有漏皆苦”了。

还有人把佛教教义归纳为四个字，即所谓的“四圣谛”——苦、集、灭、道。“苦”是说生即是苦，生死轮回都是苦。“集”，苦的原因以业为主，烦恼为辅。“灭”，就是寂灭，也就是断除苦的原因。“道”，得到登上涅槃后的解脱。佛教说达到涅槃的“道”是“心不着欲乐境，又不以不正思维苦身，离此苦乐两端而行中道，乃得解脱”。明明是要求登涅槃，达到极乐，又说“心不着欲乐境”，既然“心不着欲乐境”，又要行求解脱之道。这样的“中道”，未免过于玄虚。

应该指出的是，佛教的教义并不是一下子就形成得如此完整和系统的，它有一个逐渐发展的过程。在这个过程中，印度奴隶制社会的统治阶级和佛教的思想理论家，逐渐地不断地对它进行修改和补充。同时，在这个时期，印度佛教本身也在逐渐地发展，出现了小乘和大乘、显宗和密宗的分别。

佛教从公元前 5 世纪兴起到公元 1 世纪的 500 年间，是小乘佛教。所谓乘，就是运渡、运载的意思，也就是可以驾驭着它到达另外一个世界的工具。小乘的意思，如果解释得简单一点，就是狭小的解脱范围，换句话说,修小乘的是为了救渡自己,独善其身。从大乘佛教的眼光来看，小乘的旨趣是不够高的，就佛教意义内的“功德”来说，也是不够大的。早期的佛教是小乘佛教，反映了印度社会奴隶制经济在由确立到充分发展的历史时期中，佛教的教义还没有发展得完整和系统的情况。

和小乘相对的大乘，是在公元 1 世纪发展起来的，也可以说大乘佛教是小乘佛教的发展。它的简单解释应该是宽阔的解脱。修大乘的目的，除了救渡自己外，还要救渡一切众生。如果说小乘是独善其身，大乘则是兼济天下。大乘佛教兴起后，释迦牟尼由人变成了神，同时，对佛和菩萨的崇拜仪式，寺庙的建立，还有极乐世界和地狱的说法等等，也都随着大乘佛教的兴起而发展起来。

在印度大乘佛教中，又有显宗和密宗的分别，这是学佛的两大途径。显宗又叫显教，也有叫显乘或显修派。显，是用明显的教义来说明修证的途径，并通过这个途径来达到成佛的目的，这是一般人都能接受的学佛或修佛的方法。据说释迦牟尼在世时，有位名叫因扎菩提的王子问他，如果依照显宗的途径去修佛，需要多长时间可以成佛，释迦牟尼告诉他，需要三个阿僧企劫之久。阿僧企劫是一个数学上的名词，即六十位数。这样一个数字，起码在人世间是不可设想的，在这数字后面的量词无论是年月还是日时，都是没有什么意义可言的，所以说按照显宗所指示的途径去学成佛，那简直是可望而不可即的事。密宗又叫密教，也叫密乘或密修派。密，是说修习一种不能对外人说的密法来达到成佛的目的，这里所说的外人，据说是指那些“非法器”的人，也就是那些没有达到修行这个密法的程度的那些人。为什么不能对外人说呢？因为据说密宗中有许多法术足以加害他人，所以对那些道根不足的人就不能不保守秘密。据说释迦牟尼又对因扎菩提王子说，如果以密宗的途径去修佛，有即身成佛的可能。当然，所谓释迦牟尼的这一段话，是后来搞密宗的人编造出来的。事实上密宗的出现是在大乘佛教兴起好几个世纪以后，它是大乘佛教吸收印度教的许多内容以后形成的一个派别。在小乘佛教中只有显宗而无密宗，大乘佛教则显密都有。

大乘佛教在印度兴起以后，先后有六个代表人物，被佛教徒称为“南赡六庄严”，意思是说这六个圣贤把世界装饰得很美好。从这六个人的生平，可以大致看出大乘佛教在印度发展的情形，我们大概介绍如下：龙树，一般认为他是公元2世纪时的人，有时也译作龙猛或龙胜。他是印度大乘佛教的头号代表人物，他的代表著作是《中（观）论》。印度大乘佛教中有两个最重要的派别：一是中观论，二是唯识论。龙树就是中观论这一派的鼻祖。藏传佛教中的格鲁派的教义，就是源于中观论的。

提婆，公元3世纪时的人，是龙树的门徒。他本是斯里兰卡人，到印度云游，拜龙树为师，是中观论的主要弘扬者。后被反对佛教的“外道”暗杀而死。

无著，是公元4至5世纪时的人，他是唯识论派最重要的代表人物。藏传佛教中的萨迦派，就是以唯识论作为其教义的基础的。

世亲，又译作天亲或宝亲，是无著的同母异父弟，原宗小乘佛教，后改宗大乘佛教。他是帮助无著弘扬唯识论派的重要人物，他的代表著作是《俱舍论》。

陈那，是世亲的门徒，是公元5至6世纪时的人，他著了一部《集量论》，是印度佛教中“因明”（佛教逻辑学）的创始人。

法称，他主要活动在公元7世纪，是陈那的再传弟子。他关于因明的著作有七部之多，最著名的是《量释论》，是解释陈那的《集量论》的。

中观论和唯识论是印度大乘佛教中的两个对立的派别，双方经常争论甚至互相攻击。中观和唯识两派内，在公元6世纪时又有了分裂，如中观论派又分成自续中观和应成中观两派，自续中观派的创始人是清辨，有人说他是寂护的老师，也有人说寂护是他的五传弟子。而寂护在藏传佛教史上是很有名的人物。应成中观派的创始人是佛护，佛护的再传弟子叫月称，写过一部《入中论》，在藏传佛教中很有影响。大乘和小乘之间，佛教和印度教之间也有斗争。佛教内部的分裂和斗争，各种宗派的相继出现，是大乘佛教兴起后佛教的一个特点。

到法称以后，大乘佛教中的显宗开始走下坡路，密宗有了一定程度的增长。一些人认为这是因为显宗总是争辩理论，徒尚空谈，密宗才上升了位置，这当然是一个方面的原因。另一个更重要的原因是在公元6世纪时，印度的封建制度终于形成了，佛教和婆罗门教融合以后形成的印度教，在当时的印度社会占了上风，佛教中的密宗因与印度教比较接近而有了一些增长。但总的来说佛教在印度的势力从6世纪以后是在下降的。佛教要寻找新的出路，必然要向外发展。公元7世纪时佛教传入吐蕃，就是佛教向外发展的一个方面。到公元10世纪时，印度大乘佛教就已十分衰颓了，但密宗还继续残存了200来年。到13世纪初伊斯兰教统治印度，从此佛教在印度失却了它的作用。

二、佛教传入吐蕃

关于佛教传入的神话传说——藏文的创制——早期建寺与译经

藏传佛教史籍对佛教最早传到吐蕃的记载，几乎无一例外地都说是在松赞干布以前五辈，即拉托多聂赞时期。拉托多聂赞的时代，我们估计约在公元5世纪。据说有一天当他在王宫的屋顶上休息时，忽然从天上降下来几件东西，第一件是《百拜忏悔经》，第二件是舍利宝塔，第三件是“六字真言”，第四件是“法教轨则”。在《青史》这部著名的著作中则说，这些东西很可能是印度人带到吐蕃的，因为当时还没有创立藏文，又没有人懂得这些东西的内容，于是这些东西被保存起来，而印度人又回到印度去了。我们认为这样的说法比较可取，这些东西并不是“从天而降”的。

在这几件东西中，《百拜忏悔经》是印度佛教密宗的经典，舍利宝塔也是印度佛教密宗中的东西，是作为对佛的供养而出现的，“六字真言”，即唵嘛呢叭咪吽，也是印度佛教密宗的“真宝言”。据莲花生说常念它可以免入地狱，还可以在死后进入“极乐世界”，“法教轨则”也是印度佛教密宗修习次第的一个法则。总之，所谓"天降四宝"的神话传说，其特点就是这"四宝"都是属于印度佛教密宗的东西。

对于这个佛教最早传入吐蕃的神话传说，我们如果加以仔细分析，可以得出以下几点推论：

第一，神话中说佛教最早是在公元5世纪时传入吐蕃的，这点很值得注意。5世纪时吐蕃四周的环境是，南面是佛教的发祥地印度，这时印度教虽然发展起来了，但大乘佛教还没有显得过于衰微，而且其中的密宗部分这时还有了一定的发展。当时内地正处在南北朝对峙的时期，这是佛教很发达的一个历史时期，尤其是北朝的魏（公元4世纪末至6世纪中）和南朝的梁，特别崇信佛教。存留至今的著名佛教艺术中心大同云冈石窟、洛阳龙门石窟以及敦煌千佛洞，都是在北魏时开始开凿的。吐蕃西北面的西域于阗（和田），佛教文化的影响也很深远。总之，公元5世纪前后的吐蕃周围都是信奉佛教的国家和地区，尽管当时藏族还没有创立和使用文字，但是佛教在这前后渗透到今天的西藏地区，是完全有可能的。

第二，神话中说，这些佛教的经典、法器、真言、轨则等所谓"四宝"，是从天而降的，而不是通过其他途径或其他方式传入吐蕃的。对于这一点，我们有理由怀疑这是受了本教的影响，因为本教对天十分崇拜，所以编造这个神话的人，把它说成是从天而降而不是从地下挖掘出来的，在一定程度上这是照顾了本教的传统观念，可以通过天，使这个神话令人信服。

第三，把印度佛教密宗的东西说成是从天而降的，这是后人有意识的附会。事实上这时印度大乘佛教的显宗还未完全衰落，密宗还没有大发展，怎么可能密宗在5世纪时就传到吐蕃来呢？编造这个神话的人有意识地让佛教密宗先来一步，是为它在以后的传入吐蕃埋下一条伏线，使人们反对不得，因为这些是从天而降的。

最后，这则神话说，这些“从天而降”的东西，当时的藏族人都不知道是作什么用的，于是有神在空中对拉托多聂赞说：“在你五代以后，将有一个懂得这些物件的赞普出世。”这显然是指松赞干布，而佛教正式传入吐蕃，确实是在松赞干布时期。

我们并不排斥佛教在公元5世纪拉托多聂赞时有渗入吐蕃的可能，但是，大规模地、正式地传入，应该是从松赞干布建立奴隶制的吐蕃王朝的时期算起。这不仅因为有藏文文献的明确记载，还因为在这一时期藏族基本上统一于吐蕃王朝的统治之下，经济有了较大的发展，创制了藏文，使藏族进入了有文字记载的历史时期，王室与贵族势力的斗争使王室需要寻找新的思想工具，吐蕃王朝与唐朝及周围地区的政治、经济、文化联系迅速发展。社会的这些剧烈的变化，为佛教的大规模传入提供了社会的需要和实际的可能。

一般藏文文献都把藏文的创造者说成是吞米桑布扎，有很多对藏语文有专门研究的同志怀疑历史上是否真有这个人，怀疑关于他的事迹的记载是后人假托的。我们从历史的角度来看，从来认为文字是社会的群众的产物，退一步来说，即使有吞米这个人，他也只能是在创立藏文的过程中起过整理总结的作用，做出过比较大的贡献。把文字的创造完全归功于某一个人是不对的，文字是社会发展到一定阶段的必然产物。

藏族的宗教史学者们对于吞米创造了藏文这一点没有争议，但是对吞米是向谁学习、如何创造藏文，他们有不同的记载。白玛噶波和布顿大师的记载说吞米是去克什米尔学习，回来后根据克什米尔文在拉萨木鹿宫创造出三十个字母、四个韵母的文字，但是《西藏王统记》和其他一些著作，认为吞米是向印度一位婆罗门李敬大师学习以后创造藏文的。《西藏王统记》说李敬是南印度人，也有人认为他是南疆和田人（当时的西域于阗）。我们从藏文字母的形式看，发现它和7世纪时流行在印度西北部的笈多文有比较密切的关系，而古代西藏和印度的往来，并不是按照今天的习惯路线，即从帕里越过喜马拉雅山，经卓木河谷到印度，而是溯雅鲁藏布江西上，或经阿里穿越克什米尔到印度，或从尼泊尔到印度。由此我们可以推想，藏文的创制和印度西北部的笈多文可能有一定的渊源关系。

松赞干布时期佛教从印度和汉地两个方向传入西藏，可以用两个生动的例子来作为标志，这就是松赞干布与尼泊尔尺尊公主和唐朝文成公主的联姻。也许是由于巧合，这两位公主都从自己的家乡带了一尊佛像到吐蕃。尼泊尔公主尺尊是尼泊尔王盎输伐摩的女儿。盎输伐摩虔信佛教，在玄奘的《大唐西域记》第七卷中有记载。尺尊公主带的佛像是不动佛像（据说是释迦牟尼8岁等身像），文成公主从长安带到拉萨的是觉卧佛像（据说是释迦牟尼12岁时的等身像）。佛像本身算不了什么大事，但作为佛教分别从这两个方向传入的标志来看，就比较有意义了。

随着尺尊和文成公主嫁到吐蕃，佛教寺庙开始在吐蕃兴建。当时在吐蕃中部建立的四座大寺称为四如寺，四如寺之外建立了四厌胜寺，四厌胜之外又建了四再厌胜寺，起码有十二座寺。这些寺庙都是些小庙，佛教史籍记载说，它们是为了“制服藏地鬼怪，镇伏四方”而兴建的，其中并无僧人，只是一座庙中供一尊佛像，与以后建立起来的有出家僧人和学经组织的寺院不同，我们称之为寺庙。

松赞干布时建立的著名的寺庙是拉萨的大昭寺和小昭寺。大昭、小昭都是汉名，“昭”是译音，意思是佛。大昭寺是由尺尊主持修建的，殿门朝西，规模大一些，小昭寺是文成公主主持修建的，殿门向东，规模小一些，不过在修大昭寺的时候文成公主也出了力。在寺庙初建成时，文成公主带去的大佛像放在小昭寺，尺尊带去的小佛像放在大昭寺。后来到公元 8 世纪前半期金城公主嫁到吐蕃时，才把大小佛像相互搬了个家。

在松赞干布时期，翻译佛教经典的事业已经发端。藏传佛教史籍说这时佛经的翻译已很盛行，译师中有印度人古萨惹、尼泊尔人香达、汉族僧人大天寿和尚等。据说藏人的译师是吞米桑布扎，译出来的经典有小乘佛教经典，也有大乘显宗、密宗的内容。但是我们认为，松赞干布时的佛经翻译不过是一个开端，藏传佛教史家有意识地说在这时就翻译了大量的佛经，是想给松赞干布的大力发展佛教，增添一些陪衬的色彩，事实上未必有那么多。

总起来看，在松赞干布时期佛教正式传入了吐蕃，这时创制了藏文，开始建立了一些寺庙，翻译了一些佛教经典。在这个时期里藏族社会开始接受了佛教，但是佛教内部派别很多。各种佛教的学说还没有被藏族社会理解和消化，佛教在吐蕃会怎样发展，这时还很不清楚。

三、佛教和本教的早期斗争

本教的一般情况——本教的神祇——祭祀和葬仪——本教的巫师——本教的社会作用——佛教和本教的早期斗争——本教势力的抬头——赤德祖赞时汉地和西域僧人在吐蕃的活动——本教驱除西域僧人——第一次禁佛运动——赤松德赞力图发展佛教——寂护第一次到吐蕃

本教，也有译为本波教的。这个宗教可以说是藏族地区固有的一种宗教，是生根于原始公社时期的宗教。当佛教还没有传播到吐蕃以前，本教就已经在古代藏族社会中传播起来了。藏文史料记载，本教最初是在今天阿里地区的南部，古代称作象雄的地区发展起来的，后来沿着雅鲁藏布江自西向东广泛地传播到整个藏族地区。据说它的祖师叫先饶米沃且，意思是最高的巫师，他的生卒年代和事迹不详。本教从内容上看，是一种原始宗教，或者说是一种万物有灵的信仰，它所崇拜的对象包括天、地、日、月、星辰、雷电、冰雹、山川，甚至土石、草木、禽兽，包括一切万物在内。这种宗教在科学上称作灵气萨满教。它本是流行在西伯利亚和亚洲腹心地带（包括我国东北、内蒙古地区）的一种原始宗教，因为这种宗教的巫师叫作萨满，所以称作萨满教，后来逐渐成了全世界公认的一个科学名词，在宗教学、民族学的材料中，把与这种宗教类似的原始宗教统称为灵气萨满教。本教可以说是灵气萨满教在西藏的地方形式。

关于本教的来源除上面的说法外，还有一条线索：本教的发祥地象雄和它以西的巴基斯坦、伊朗，在古代是有交通往来的。古代波斯（今伊朗）有一种宗教叫祆教（拜火教），它比佛教的创立还要早些，从很多迹象表明本教和祆教有一定的渊源关系，这个线索今后还可以进一步研究。

我们要想了解公元7世纪以前未和佛教发生接触的本教，确有很多困难，因为当时没有文字记载。后期的人对本教的描述都是和佛教的发展交织在一起的，我们只能从中找到一些线索，借此看到一些本教的原来面目。在国外研究本教的材料中，德国人霍夫曼所著的《西藏的宗教》一书中介绍过一些本教的材料。此外，国外还发表过《十万白龙》《色尔尼》等本教经典。这些本教经典实际上都是与佛教发生了接触后变化了的本教的经典。在藏文著作中，《土观宗派源流》第二章最后，有专讲本教的一节，另外在汉文《旧唐书·吐蕃传》和《新唐书·吐蕃传》中，也记录了一些本教的材料，只是内容不多。

原始的本教把世界分为三个部分，即天、地和地下。天上的神名字叫作“赞”，地上的神称为“年”，地下的神称为“鲁”，即是常说的龙。从我们接触到的材料看，天神在古代的本教中，有比较重要的地位，比如吐蕃王统的第一代赞普，传说中的聂赤赞普是作为天神之子来到人间的。据说有一个天梯，他是顺着这个天梯从天而降的。聂赤赞普和他以后的六个赞普在完成了人间的事业以后，都顺着这个天梯回到天上。到第八个赞普止贡赞普时，因为他和他的大臣罗昂比武，被罗昂杀死，这个天梯就被割断了，从此以后赞普就再也不能上天了。止贡赞普是第一个把尸体留在人世间的吐蕃王统的赞普，从此吐蕃历史上出现了埋葬的仪式。灶神的位置也很重要。原始本教认为灶神十分容易被人冲犯，只要是把头发、羊毛、脏物失落在火里面，或者是烧溢了锅，或者是弄脏了灶台，那就要倒霉了，为了解除灶神发怒带来的灾难，必须请一个本教的巫师来进行消灾的仪式。

还有两种神，一种是阳神，一种是战神，这是两个附在人身上的保护神。阳神可能是祖先的魂灵，从这里反映出祖先是以男性为中心的。战神是帮助人打击敌人的神。如果阳神或战神从一个人的身上离开了，恶魔或者病魔就要乘虚而入，灾祸疾病就会降临，甚至会丢掉性命。这时就必须请一位本教巫师进行宗教仪式，把阳神和战神召回到他的身上来。

本教祭祀时用动物作牺牲，这种祭祀方式在吐蕃王朝时代的典礼活动中占有很重要的地位。《旧唐书·吐蕃传》中记载，在吐蕃的盟誓仪式上，要宰杀羊、狗和猴子，在每三年一次的大祭祀活动中，要宰杀马、牛、驴甚至要杀人来祭祀天地。这种杀牲口或者杀人来作祭祀的牺牲，一般来说是佛教所不允许的，因为佛教禁止杀生。公元 822 年（唐长庆二年），唐朝和吐蕃最后一次在拉萨会盟时，吐蕃方面的主持人钵阐布是个僧人，会盟根据传统习惯要歃血，即将所杀牲口的血抹在嘴上表示信守誓言，但是钵阐布是个佛教僧人，就不参加这个歃血仪式。其实，后来藏传佛教在形式上吸收了本教的这些东西，只是不杀活的牲口，而用牛羊的像或者用酥油捏一些供品，或者用木头刻一个鹿头等，来替代杀牲献祭。

和祭祀关联在一起的是丧葬的仪式。本教徒的埋葬仪式很复杂。他们用石片作棺材，尸体要用蓝色的绸子包裹起来，放在雍仲形的位置上，有许多复杂的手续。此外，在史料中还有吐蕃赞普与大臣五六人结为“共命”，赞普死后这些人自杀殉葬的记载。在敦煌出土的古藏文文书中，还有赞普死后尸体停放好几个月，然后才真正进行埋葬的记载，这也是一种原始的丧葬习惯。从这些丧葬仪式中，可以看到本教在这方面的作用和影响，起码我们可以知道，吐蕃王朝的赞普是有陵墓的，而不是后期的天葬、火葬或其他的葬法。

本教虽有许多复杂的崇拜祭祀仪式，但是它的宗教建筑是比较简单的。从现有的资料看，原始本教只有一个简单的祭坛。至于后期我们见到的本教寺院，是本教和佛教接触以至融合以后的情况，不属我们这里讨论的范围。

据藏文史籍《贤者喜宴》说，早期的本教可分为两大类别：一类是可获成果的五种本教，是为获取天神善趣之果；一类是获财的四种本教，是为了卜卦、求福、人财两旺以及施授送鬼用品，克服违缘等。本教的活动主要通过巫师来进行，我们所见到的巫师的名称有天本波、地本波、大本波、神本波等，这些被称为本波的巫师，除了知道他们与祭天的仪式有关外，详细情况并不清楚。在新疆发现的古藏文木简中，有关于本教巫师在民间活动情况的记载，还有待进一步研究。在《西藏王统记》中记载着本教巫师“准”或“德吾”，这是和葬仪、占卜有关的巫师。而最常提到的最重要的本教巫师是“先”。本教的巫师还有一个特点，就是他们在作法时，离不开的法器是鼓。有的材料中记载着本教的巫师骑鼓飞行的神话传说，而萨满教的巫师萨满也是用鼓来作为法器的，这一点是我们把原始本教与灵气萨满教归于一类的一个参证。本教的巫师以鼓为法器，一直影响到后来的藏传佛教，在藏传佛教中，鼓也是重要的法器之一。

关于本教在吐蕃社会的作用,《土观宗派源流》援引西藏古代史料说，从聂赤赞普起，一直有二十六代赞普都是用本教来协助管理行政事务的。五世达赖著的《西藏王臣史》说,吐蕃宫廷中有一个名叫“敦那敦”的职位，由一人充任，其职责是在赞普身边占卜吉凶。担任这一职务的人在赞普左右享有崇高的地位，并可借机参与部分政治决策性的事务。除此之外，本教还利用宗教仪式等手法帮助统治者威胁、镇服属民。本教这种参与政治决策和精神镇压的双重作用，一直延续到公元 8 世纪中叶，本教在吐蕃的社会地位彻底削弱以前。

根据藏文史籍的记载，大、小昭寺都是在和鬼怪恶魔的斗争中建成的，特别是在修建大昭寺时，白天奠立的根基，晚上全被恶魔拆毁了。我们从这些神话式的说法中，可以找到一些历史的真实反映。这就是说生根在吐蕃社会中的本教，作为一种传统的观念，它在人民群众和统治集团中都是占有重要地位的。佛教传入吐蕃与本教接触，自然地要发生矛盾和斗争。佛教的传统说法是把非佛教的教派一律称为“外道邪魔”的，因此，对于所谓恶魔破坏建寺的记载，我们完全可以认为这是本教势力对佛教传入所采取的对抗行动。尽管这时的对抗还是早期的对抗，还没有发展到后期那么深刻，但是从规模来看，本教的对抗力量在当时还是很不小的。

关于松赞干布时期本教和佛教的对抗，法尊法师在他的《西藏民族政教史》第一卷有一段记载，说松赞干布提倡佛教引起了本教徒的反感，还谈到有些本教徒自改佛经为本教经典，于是松赞干布下令凡是私改佛经为本经的人要处以死刑，被杀的本教徒很多，迫使本教徒把已据佛经改成的本经埋藏在山洞中，以后挖出来就是伏藏本经。对于法尊的记载，我们同意他的前半段，但是后半段所说的本教徒改佛经为本经，估计应是一百多年以后赤松德赞的年代里发生的事情。

松赞干布死于公元650年，从他死后直到8世纪初的半个多世纪里，佛教在吐蕃并没有获得多大的发展。这主要有两个方面的原因：一是松赞干布后面的两代赞普芒松芒赞（650—676年在位）和都松芒波结（676—704年在位）时都是贵族噶尔氏家族当权，吐蕃王朝的主要精力放在武力扩张上，王室虽然在扶植佛教，但王朝的实权把持在信奉本教的贵族大臣手中；二是松赞干布时遗留下来的佛教基础并不强大，而本教的传统势力是根深蒂固的，在贵族大臣和民众中有很大的影响。由于这两个原因，这一时期佛教在吐蕃不仅不能迅速发展，有时还要受到压制。

松赞干布死后本教势力抬头，公开反对佛教。藏文史籍中说，松赞干布死后文成公主带去的释迦牟尼像埋在地下有两代人之久，这是佛教徒为了保护佛像而采取的措施。在吐蕃王朝的各项祭祀、盟会的仪式中，本教一直起着领导的作用，这种传统的势力使佛教的宗教仪式等，在吐蕃的社会生活中无法得到发展。

在这一时期的吐蕃历史上，赞普王室与贵族大臣曾进行过激烈的斗争，特别是都松芒波结为了王室在政治上取得实权做过一番努力。他曾以“出猎”为名，调兵消灭噶尔家族，杀其亲党二千余人，接着又下令召还镇守青海的噶尔・钦陵。公元698年噶尔・钦陵起兵反抗赞普，结果兵败自杀，专权达半个世纪之久的噶尔家族彻底败亡。都松芒波结又远征云南，死于军中。都松芒波结为扩大王室权力的斗争取得了一定的成效，但是没有取得最后成功。值得注意的是，在这一时期的这些重大事件中，没有关于佛教的作用的记载，这说明当时佛教还没有发展到能够参与吐蕃政治的程度。

赤德祖赞（704—755年在位）即赞普位后，大力促进佛教的发展。他修建了不少的寺庙，也翻译了一些佛教经典，还派人去请在冈底斯山朝圣的印度法师佛密和佛寂，可是没能请来，派去的人带回来五部大乘佛教的经典。

公元710年，赤德祖赞从唐朝迎娶金城公主，这对汉地佛教在吐蕃的发展起了推动作用。金城公主嫁到吐蕃后，把原被封藏在小昭寺的文成公主带到吐蕃的佛像迁到大昭寺，并安排了汉族僧人管理一些宗教仪式，供奉佛像，可见随同金城公主到吐蕃的还有一部分汉族僧人，但是对这些人的作用缺乏记载。

在同一时期，西域于阗的佛教僧侣由于动乱向吐蕃逃跑，先到南疆的蔡吉（可能是唐朝在西域设置的毗沙都督府所在地，曾被吐蕃长期占领），当地吐蕃官员不敢收留，报告了吐蕃王室。王室不但答应为这批僧人解决衣食供养，而且请他们到吐蕃本部去。据说吐蕃为收容这批从于阗来的僧侣修建了七座寺庙（其中有一座是瓜曲寺），可见这批僧人数目不少。另外，由于伊拉克的屈底波于公元705年发动“东征”，中亚和新疆的一些地区（如喀什噶尔、拔汗那、布哈拉、撒马尔罕、多哈日斯坦）的佛教僧侣也向西藏方向逃避。他们第一步先到了勃律，似乎他们和于阗的僧人会合到了一起。因此，赤德祖赞时期到吐蕃的西域佛教僧人中可能还有中亚一带的僧侣。

吐蕃王室接纳外来的佛教僧侣，引起了贵族大臣们的不满和疑惧，他们很想寻找机会驱逐这些佛教僧人。公元 739 年吐蕃发生了一次大的天花瘟疫，据说金城公主就是死于这场天花的。这时信奉本教的贵族借口说这场天花是吐蕃境内的鬼神对这批外来僧人的愤怒所造成的，因而必须把他们赶走。这些被驱逐的僧人绝大部分向西到乾陀罗国（在今巴基斯坦境内）去避难。有的材料说还有一些吐蕃僧人与他们同行。但是，按照藏传佛教史籍的说法，这时吐蕃还没有出家的僧人。这里说的吐蕃僧人有两种可能：一是当时已有一些吐蕃人跟从这批外来僧人出了家；二是这批人并非僧人身份而是一般的佛教徒，被误记为出家僧人。

当时赤德祖赞也抗拒不了本教徒驱逐西域僧人的行动，但他本人仍在暗中扶植佛教。他晚年派桑希等四人去汉地取经，他们在汉地取得大量经典（包括《金光明经》、小乘戒律等）和一些医学著作，他们返回时还带来了一位汉族和尚。但这时赤德祖赞已死，拉萨的形势又对佛教不利，于是他们把同来的汉族和尚送回汉地，将取来的佛经藏到山南钦蒲地方，等待有利时机的到来。

赤德祖赞公元 755 年死后，新赞普赤松德赞（755—797 年在位）年幼，吐蕃王朝中信奉本教的贵族大臣打算把佛教势力全部铲除，发布了禁佛的命令。这是藏族历史上的第一次“禁佛运动”。这次禁佛的主要措施有：一、下命令在吐蕃王朝统辖的全部范围内禁止信仰佛教；二、驱逐汉族僧人和尼泊尔僧人；三、改大昭寺为屠宰场；四、把文成公主带到吐蕃去的佛像埋在地下，后来又取出来送到芒域；五、拆毁寺庙，把赤德祖赞时建立的两座寺庙全部拆毁。

虽然本教采取了一切可能的手段来压制佛教，但是本教也感到了其自身的软弱性。因为生根于原始社会的本教，对于阶级社会的到来，还难于在一时之间适应得好。本教要适应形势，就得向佛教学习，制造出一套经典和教义。本教的改头换面，在象雄地区开始得比较早，因为这里受印度佛教的影响较早一些，较直接一些。据传说第一部藏文的本教经典就是从象雄语翻译出来的（象雄语不同于藏语）。正因为如此，本教也被后来的人说成是发源于象雄的。据《莲花生传》的记载，当时吐蕃贵族们曾得到象雄人的帮助来反对佛教。

尽管赤松德赞在即赞普位后，由于年幼而无法反对信奉本教的大臣们对佛教传播的禁止，但是他作为王室的代表，在成年以后仍然力图发展佛教。他曾经想翻译桑希从汉地带回来的佛经，而且已着手组织人力进行，但是这个计划被反对佛教的大臣破坏掉了。赤松德赞为了发展佛教，决心清除当时反对佛教的代表人物马尚仲巴结和达扎路恭。他和一批主张发展佛教的大臣定计，先把马尚仲巴结活埋，然后把达扎路恭流放到藏北去。在这以后，赤松德赞逐渐开始为发展佛教做一些事情。

赤松德赞先派巴·赛囊等人到长安去取佛经并迎请汉僧。但由于吐蕃内部反对佛教的势力很强大，巴·赛囊从内地回到拉萨后受到排挤，被贬到芒域去当地方官。他利用这个机会经尼泊尔到印度，朝拜了大菩提寺和那烂陀寺等一些佛教圣地。在回吐蕃的途中，他在尼泊尔遇到了印度的著名僧人寂护（又译作静命、喜瓦措），并邀请他到吐蕃去传教，还顺便把前此转移到芒域的释迦牟尼像运回到拉萨。这些事情发生在公元 770 年左右。

寂护属于印度大乘佛教显宗的正统，据说是自续中观派的创始人清辨论师的五传弟子。他之所以应邀到吐蕃，并不是像佛教徒所说的是神佛“授记”，而是因为从公元7世纪开始，印度大乘佛教显宗走向下坡路，寂护到吐蕃来，很可能是为大乘显宗找出路的一个代表人物。

寂护没有敢于直接到吐蕃的政治中心拉萨，而是先到了山南的钦浦。这里是吐蕃王朝的发祥地，紧靠着雅鲁藏布江，可进可退。寂护住下以后，由巴·赛囊推荐，和赤松德赞在钦浦进行了一次有意义的会见，他向赤松德赞讲了一些佛教的道德规范和佛教的基础理论。

但是，这时反对佛教的势力对赤松德赞迎请寂护以及从芒域运回佛像大力反对，在拉萨一带出现了规模不小的反抗活动。宗教史籍中说这一时期中“雷殛红山，洪水冲走旁塘宫、闹大瘟疫……”，实际就是反对寂护的活动。寂护这一次在吐蕃仅仅停留了四个月，就被反佛教势力给赶走了。

寂护初次传教遇到挫折，并没有动摇赤松德赞发展佛教的决心。他又连续派人分别到汉地和印度去请求派僧侣到吐蕃来传布佛教。赤松德赞如此热心于发展佛教，一方面固然是为了王室集中权力，削弱贵族和地方势力，另一个重要的方面是当时吐蕃社会中奴隶反抗奴隶主的阶级斗争激化。敦煌古藏文文书中记有赤松德赞时期发生过军人和奴隶起义的事件，这正是吐蕃奴隶制走向衰落的开端。赤松德赞在这种形势下采取大力发展佛教的做法，是不难理解的。

第二章

佛教在吐蕃的得势、发展和中衰

一、印度佛教战胜本教与汉地佛教

莲花生与寂护同来吐蕃——桑耶寺的建立——“七觉士”出家——佛本斗争的起伏发展——南喀宁布等赴印留学——桑耶寺内佛本并存的局面——佛本大辩论与禁本命令的颁行——汉地佛教在吐蕃——汉印佛教的矛盾和斗争——顿门巴与渐门巴的辩论——印度佛教在吐蕃取得优势地位

据藏文佛教史籍的记载，寂护在受到反佛教势力的逼迫返回印度时曾表示，对于吐蕃境内的“魔障”他自己是无能为力了，必须把密宗大师莲花生请来，才能“调伏群魔”，使佛教得以在吐蕃弘扬。

莲花生是邬仗那（地在今巴基斯坦斯瓦特河谷一带）人，因而又被称为邬仗那活佛。他是寂护的妹夫，是印度佛教密宗的大师。寂护由于对吐蕃的反佛教势力无能为力，才想到去请他来吐蕃应付局势。但是在藏文佛教史籍上说是赤松德赞派人到尼泊尔重新迎请寂护大师回来，另外又派人去请莲花生，于是寂护和莲花生都接受了邀请，分别来到了吐蕃。这些史籍描写莲花生到吐蕃的经过时说，他预先知道吐蕃赞普要邀请他，于是主动动身，和迎请他的人在芒域相会，接着一路上逢妖捉妖，遇怪降怪，神乎其神，还说他是人间最大的咒师，许多魔怪都被他用密咒“调伏”了。

对于以上的这些史料，我们可以这样来分析：一、寂护的被迫撤退，说明当时吐蕃社会对印度佛教排斥得很激烈，特别是寂护所代表的印度佛教大乘显宗的教法，更没有办法和吐蕃传统的本教观念相抗衡，所以才有寂护请莲花生到吐蕃的事情出现。莲花生搞的那一套咒法，可能会被接受下来，起码是较为接近吐蕃的传统观念的。二、这时赤松德赞对于佛教各个派别还没有重此轻彼的倾向，他派人去印度、汉地，邀请佛教各派代表人物，表现了兼容并包的态度。三、莲花生是印度大乘佛教中的密宗咒师，而根据印度历史记载，公元 8 世纪下半期佛教在印度早已衰微了，因此莲花生的主动进藏，同样也是为印度佛教谋求出路的。四、所谓莲花生一路“调伏”魔怪，其实是印度佛教的密宗战胜了本教的一个反映，起码也是反映了密宗在吐蕃社会遇到的阻力较小这一历史情况。

寂护和莲花生来到吐蕃后的第一件事，就是给印度佛教建立根据地，这就是兴建藏传佛教史上第一个剃度僧人出家的寺院——桑耶寺。

据说桑耶寺的设计是由寂护主持的，主要是仿照印度的欧丹达菩黎寺（又译作飞行寺）。主殿三层代表须弥山，四方有四个殿，代表四大洲（南赡部洲、北俱卢洲、西牛贺洲和东胜神洲），还有代表八小洲和日、月的小殿，整个建筑是按照佛教对世界结构的想象来布局的。桑耶寺建寺地点是由莲花生选定的，在山南的扎囊县雅鲁藏布江北岸，估计这是考虑到拉萨是吐蕃的政治中心，反对佛教的贵族势力集中在那里。而远离拉萨的山南，则靠近赞普的发祥地，便于依靠赞普王室这个靠山。这比寂护第一次到吐蕃时根本未过雅鲁藏布江又前进了一步。桑耶寺的破土奠基是由赤松德赞亲自主持的，说明了他对于建立桑耶寺的重视。

桑耶寺有时也读成“三阳寺”或“三样寺”，“三阳”估计是取“三阳开泰”的说法。“三样寺”据说是因三层主殿在建筑特点和雕塑风格方面各不相同而得名。下层依照西藏式样，中层依照汉族式样，上层依照印度式样。据藏文史籍说，莲花生和寂护在主持修建桑耶寺的工程时，又曾经和“恶魔”进行过多次的斗争，最后终于战胜了这些“妖魔鬼怪”，建成了桑耶寺。这说明桑耶寺的修建过程是和本教势力作斗争并取得胜利的过程。正是因为印度大乘佛教密宗的某些内容与本教的传统巫术咒法有某些相似之处，能适应吐蕃社会的传统观念，因而能为吐蕃社会所吸收，桑耶寺才得以建立起来。

关于桑耶寺建成的年代，有不同的说法。法尊法师认为是公元 762 年始建，766 年建成；意大利学者伯戴克认为是公元 780 年始建，787 年建成；王森先生认为是公元 779 年建成。总之，大体年代是在 8 世纪的后半期。

桑耶寺建成后，由寂护和莲花生主持“开光”（寺院落成典礼），由寂护担任寺院的堪布，并有七名吐蕃贵族青年随同寂护出家，他们在藏文史籍中被称为“七觉士”。但是这种为俗人剃度出家的事在佛教上是件大事，不是随便某一个人都能做的，即使像寂护这样著名的高僧，一个人也不能为人授比丘戒。按照规定，给一个人授比丘戒（授比丘戒以后，才算是正式的出家僧人）必须有十个受戒十年以上的僧人在场。为此，赤松德赞还特地派人到印度请了十二位“说一切有部”的僧人（“说一切有部”是当时印度势力较大的一个小乘佛教教派，很多印度大乘佛教教徒都是跟随该派僧人受比丘戒），协助寂护完成了给“七觉士”授戒的仪式。

这七个第一批出家的藏族僧人，在法名上有一个特点，末尾的一个字都是“护”字，这表明了师兄弟们和传戒老师的关系。

桑耶寺建成以后，赤松德赞继续派人到印度去迎请佛教僧人，同时还派出一批人到印度去留学。这两项措施都和翻译佛教经典、传授印度佛教的教法有直接的关系。从印度请来的人当中有大乘密宗的无垢友、法称，还有克什米尔人阿难陀，他在寂护来吐蕃以前就在拉萨经商。他们主要从事翻译佛教经典的事情。派到印度留学的人中有第一批出家的藏僧遍照护，印度人称他为毗卢遮那若希达，他被认为是一个聪明敏慧并且具有语言天赋的天才，对佛教有虔诚信仰的人。遍照护到印度之后，看到当时印度大乘佛教密宗尚盛，而显宗已日益衰落了，于是他和密宗僧人联系，学到了印度佛教密宗中的“金刚乘”的一些教法，此外还学了一些印度的语言文字。

遍照护从印度回到桑耶寺以后，受到了两方面人的反对：一个方面是寺里的印度僧人。因为桑耶寺的印僧主要是学显宗的，莲花生也是先学显宗，而后兼通密宗的，而且他在寺院建成后不久就回到印度去了，在吐蕃一共只待了 18 个月，留下来的寂护，是大乘中观派，而“说一切有部”是小乘佛教，小乘佛教中没有密宗，只有显宗。因此遍照护学密宗回来，受到了印僧们的反对。另一个方面是吐蕃传统的本教的信徒。他们自从马尚仲巴结被佛教势力害死以后，并没有停止活动，他们实际上正在大力支持和推行从象雄地区传来的经过“化装”了的本教。这批贵族用这种本教作为工具，用它来和支持佛教的吐蕃王室进行争权夺利的斗争。遍照护从印度回到吐蕃时，正是这批推行新本教的贵族势力抬头的时候，他们给遍照护加上罪名，说他在印度学到的一切，将要给整个吐蕃社会带来灾难，他们甚至要求把他处以死刑。

赤松德赞虽然竭力提倡佛教，但是直到桑耶寺建成，甚至直到遍照护从印度返回时，他也还没有宣布本教是非法的宗教。这时他听到王朝里反对遍照护的呼声是如此之激烈，虽然他很想扶持遍照护，可是迫于压力，也不得不让他从公开活动转入秘密活动，让他秘密进行印度佛教密宗经典的翻译。后来，这个消息被王朝中掌握实权的贵族们知道了，他们直接向赤松德赞要求杀死遍照护。赤松德赞只好采取了一个移花接木的办法，暗地里找了一个乞丐作为遍照护的替身，远远地把这个乞丐处死，贵族们也未看清。但是这个骗局不久又被赤松德赞的王后蔡邦萨揭穿，贵族们更加不依。最后赤松德赞只好把遍照护流放到康区去。

本教势力的这种回升，并没有影响到印度佛教势力在吐蕃的继续发展。在遍照护以后，赤松德赞又派了以南喀宁布为首的五个青年人到印度去学佛教。这五个人到了印度，学的也是密宗金刚乘的教法，他们的老师是印度密宗的法师胡卡拉。这件事虽然不是公开进行的，但是也走漏了风声，结果贵族们强迫赤松德赞给这五个人写信，让他们不要学习印度佛教密宗的教法。由此可见，赤松德赞在一定程度上是屈从于这批贵族大臣的，他们能够威胁赤松德赞做他所不愿意做的事。

后来这五个青年留学回来，赤松德赞很喜欢他们，南喀宁布又曾经为赤松德赞治好了疾病，所以更受到赤松德赞的信任。但是，正因为这样，又一个反对印度佛教的浪潮掀起来了。这次仍是由蔡邦萨发动起来的，她揭露说印度佛教密宗是黑巫术，是邪法。从蔡邦萨所说的话来看，当时佛教密宗已经在使用人头骨、人肠、人皮、人血，以及女孩子的腿骨做成的法器或者祭品。蔡邦萨认为这样做是藏族人民所不允许，也是接受不了的。她要求赤松德赞赶紧结束这种魔法，如果再继续搞这些名堂，藏族人民的生命都没有保障了，时刻有被杀害的可能。在贵族们的压力下，赤松德赞只好把这五个人分别流放到不同的地方去。其实，这只是象征性的“流放”，后来他们又被陆续召回，参加了译经工作。

在本教徒竭力排斥佛教的形势下，赤松德赞为了减少兴佛所遇到的阻力，使佛教能逐步巩固地位，采取了一种新的方针。他为了表示自己的公允，从象雄请来了一位本教法师香日乌金，委托他翻译一本名为《十万龙经》的本教经典，而且把他安排在桑耶寺里和佛教徒们住在一起。另外，赤松德赞在命令佛教徒为他修建一座佛塔的同时，又命令本教徒为他修建一座陵墓，两项工程同时在山南动工。这些资料都说明了两种宗教同时并存时期的一些情况。

在这一时期，佛经的翻译工作开展起来了，其中主要人物是印度人无垢友。他们利用赤松德赞推行的佛本共存的政策，把遍照护和南喀宁布都从流放地方召回来。还有一点值得提及的是，香日乌金翻译本教经典的地方是桑耶寺的观音殿，如果说这是因为本教没有自己的寺院的话，那不过是一个借口，显然这是赤松德赞故意制造的佛本并存局面的标志。赤松德赞还进一步迷惑本教徒，让遍照护这个佛教徒参加了翻译本教经典的事情，这就更让本教徒无话可说，既然佛教徒都参加了本教经典的翻译工作，佛教徒要翻译佛教的经典，本教徒自然没有什么理由反对。正是在这样的做法之下，佛教的势力进一步得到了巩固。这一时期印度僧人来到吐蕃的人数大为增加，译经的规模扩大了，藏族人当中也出现了不少译师。这一时期翻译出来的经典从历史的角度来看是十分珍贵的，因为其中大部分佛经的印度原本已经失传，只有在西藏还能找到藏文译本，作为历史文物，对研究印度历史和佛教历史，当然是很有价值的。

很明显，由于佛教与本教并存的方针的实施，佛教势力有了很大的增长，以至于佛教徒可以向本教提出挑战了。有一次本教徒举行了一次比较大的祭祀仪式，他们在桑耶寺里公开进行血祭，宰杀了许多牲畜作为牺牲。佛教徒马上为此向赤松德赞提出抗议。他们说：一个国家里不能有两个国王，一个地区也不能有两种宗教，如果不把本教废除，全部印度僧人就要离去，不再在吐蕃传教了。我们知道，在此以前一向是本教向赞普提抗议反对佛教，而这一次成了佛教向赞普提抗议反对本教了，这说明佛教的势力确实上升起来了。

赤松德赞本来就是要支持佛教排斥本教的，到了佛教战胜本教的条件已经具备的时候，赤松德赞就要采取措施来打击本教了。据藏文佛教史籍记载，赤松德赞提出让佛教和本教的代表人物进行辩论。辩论是在顿喀地方举行的，佛教方面的代表人物是以寂护、无垢友等人为首，本教方面是以香日乌金为首。他们互相辩论两种宗教的优劣，都是标榜自己的宗教是“正道”，竭力贬低对方。其实，对赤松德赞来说，这场辩论只是他表示自己是公正的不偏袒任何一方的一种手段罢了，是他做给那些信奉本教的贵族大臣们看的一种“障眼法”。当辩论终结时，赤松德赞宣布，他认为佛教徒是有理的，并且表示他自己是信奉佛教道理的，也就是说，他认为本教是没有道理的，在辩论中是失败的一方。

紧接着，赤松德赞把信奉本教的僧人（这时本教的巫师已经改称僧人）集中起来，让他们选择出路。他给他们指出的出路有三条：一、改信佛教，当佛教僧人；二、放弃宗教职业，做吐蕃王朝的纳税百姓；三、如果既不愿改教，又不愿当平民，就流放到边地去。据说赤松德赞指责本教僧人们说，“我怀疑你们是在试图把我的人民夺走”。这句话是有针对性的，是指贵族势力而言的，因为本教的背后是贵族势力在支持它，也只有贵族势力才能和王室争夺权势和人民。

赤松德赞宣布禁止本教的命令以后，本教徒中的一些人迫于形势改信佛教了，另外有许多人选择了流放的出路，离开了吐蕃本部，到边远偏僻的地方去了。这就造成了以后本教在西藏的东部和北部得到延续和发展的直接原因。赤松德赞还宣布，凡是把佛教经典篡改成本教经典的人要处以死刑。本教的神坛有的被摧毁了，有的被佛教徒接管了。在这些压力之下，本教徒不敢公开活动，他们到处埋藏他们的经典，这些经典也就是后期的所谓“伏藏”本经。

这里应该说明，赤松德赞并没有能通过这一次的禁止本教的命令把本教全部地消除掉，他只不过是把本教从原来的绝对优势地位上降下来，本教实际上一直保存着力量。就是在吐蕃统治集团内部，代表本教的贵族势力也只是暂时地收敛了一下气焰，一旦时机成熟，他们仍然是会出来反对佛教的。

此外，在佛教在藏地的传播过程中，印度佛教战胜了汉地佛教，成为主流。关于汉地佛教在吐蕃活动的情况，前面已经提到的有松赞干布时期的大天寿和尚，赤德祖赞时期金城公主带来的汉僧，赤德祖赞晚年派桑希到汉地请高僧和取佛经，第一次禁佛运动中汉僧被驱逐等事情。现在我们再补充两件有关的史实。

第一件是在寂护第一次到吐蕃传教受挫返回印度后不久，赤松德赞派出了以巴·赛囊为首的几个佛教徒到唐朝去请佛法。据藏文史籍《巴协》

记载，赛囊到唐朝以后，受到唐朝皇帝的款待，最后请到佛法，带着唐朝赠送的大量佛经和给赞普君臣的礼品回到了吐蕃。在汉文史籍中也有关于吐蕃向唐朝请佛法的记载，在《册府元龟》卷九八〇《外臣部·通好》建中二年（781 年）二月条下记有“……初，吐蕃遣使求沙门之善讲者，至是遣僧良诱、文素，一人行，二岁一更之”。由此可知，公元 8 世纪后半期是有一部分汉族僧人，轮流到吐蕃去过的，他们在吐蕃也一定会有一些影响。

第二件是在唐朝和吐蕃长期和战不定的局面下，吐蕃也曾俘虏过一批汉僧到吐蕃去。《太平寰宇记》卷一八五上记载，建中四年（783 年）“夏四月，没蕃将士僧尼等至自沙州，凡八百人”；《新唐书·吐蕃传》中记载僧怀素被俘后遇徐舍人搭救的故事，都说明吐蕃军在战争中注意俘获汉族僧人到吐蕃这一历史事实。另外在敦煌汉文写卷中有多处记载吐蕃赞普召请敦煌地区的汉族僧人到吐蕃去传布佛教的事情。

总起来讲，从松赞干布起，汉族僧人在吐蕃的活动一直没有间断过。虽然这批汉僧在吐蕃的活动缺乏详细的记载，可是从一些迹象说明，他们有的是讲经，有的是帮助藏族人译经，而且在藏族译师中有一些人对于汉文也很精通，他们互相配合起来，将汉文佛经翻译为藏文，这应该说也是汉藏文化交流的一部分内容。至于当时汉藏合作译经的广泛程度，可以从敦煌藏文佛经写卷上写经人、校对人的署名为汉藏人名错杂排列的现象中得到反映。

传到吐蕃去的汉地佛教，从迹象上看都属于禅宗，而且和慧能的“顿悟”学说有关联。

在赤松德赞晚年，汉地佛教在吐蕃很有势力，这一支汉地佛教势力以大乘和尚（也译作摩诃衍那）为代表。据敦煌汉文卷子《大乘顿悟正理决要》中所录的摩诃衍那给赞普的表章中的记叙，他是在吐蕃占领河西陇右以后应赞普的召请到拉萨去讲经的。他在吐蕃很受重视，赤松德赞的一个妃子没卢氏及贵族妇女三十多人跟他受戒，出家当了尼姑。此外，还有一些跟他出家的藏族僧人。当时吐蕃倾向大乘和尚的人多于倾向印度佛教的人。

在藏文佛教史籍（布顿、土观等人著的佛教史）的记载中，汉地佛教大乘和尚这一支被称为顿门巴，寂护为代表的这一支印度佛教被称为渐门巴，因此印度佛教和汉地佛教的斗争，被称为顿门巴和渐门巴的斗争。

寂护是在8世纪晚期死在吐蕃的（据说他是被马踢死的）。他死后桑耶寺的法位由白央继承。白央的声望远逊于寂护，汉地佛教又进一步扩大了势力，但印度佛教得到巴·赛囊等人的支持，力量也不小。两派之间的斗争有时闹到顿门巴的支持者拔刀相向的程度。赤松德赞自己也不好表示态度，结果巴·赛囊等人跑到南方去闭关坐静去了。

汉地佛教与印度佛教的斗争愈演愈烈，迫使赤松德赞不得不下决心来解决佛教内部的这场斗争。他三次下令要巴·赛囊回来。巴·赛囊回来后，竭力向赤松德赞宣传寂护传下来的渐门巴是正确的佛教，并劝赤松德赞派人去印度迎请寂护的亲传门徒噶玛拉锡拉（汉译莲花戒）到吐蕃来，因为噶玛拉锡拉是当时印度杰出的佛教哲理学家，同时也因给寂护的著作作过注释而知名。结果赤松德赞接受了巴·赛囊的意见，派人去迎请噶玛拉锡拉。

噶玛拉锡拉到吐蕃后，由赤松德赞主持，召集印度佛教（以噶玛拉锡拉为首）和汉地佛教（以大乘和尚为首）的僧人在桑耶举行辩论，赤松德赞亲临监督。据说这场辩论断断续续进行了三年之久（大约自 792 年至 794 年，这时已到赤松德赞晚年），并按照印度的习惯，在辩论者中间布置花环，规定最后由失败者给对方献上花环，然后离开吐蕃。

大乘和尚提出的论点主要有两个：第一是一个人的成佛不是依靠长期持守戒律修行佛法，而主要是靠突然地得到内在的“顿悟”——这正是禅宗慧能这一派“顿悟”教义的中心思想。第二是一个人应该排除各种思考，不许做恶念，也不许做善念，应该保持一种完全宁静的状态。作恶念固然不好，作善念、作善言、作善行也同样是罪过。他还作了一个譬喻，作恶念是以铁索自缚，作善念是以金索自缚，金与铁形式不同，其为索者一也，都是锁链，都是自缚。禅宗的顿悟思想就是要一个人宁静，什么都不想，以无为作为最高目的。

布顿对于大乘和尚的论点还作了一些补充叙述：如果说行善就可以升入天堂，做恶事就会堕入地狱的话，那么仔细想想这两条道路都不免要引起烦恼。即使是好的思维，善的思维，也会使人有所牵挂，因而在成佛的道路上也就会随时遇到“魔障”。只有无想，无思维，没有任何尘障，才能彻底超脱烦恼，才能得到“大禅定”（将心注于一境，冥想而生妙果），并且通过这样的途径，进入突然的大彻大悟，也即是“顿悟”，这就是接近于成佛的最高境界了。

噶玛拉锡拉反驳大乘和尚说，假如一个人全部地放弃他的意识活动，仅仅是通过“瑜伽”（也就是默坐，通过宁静，管束自己的思想，以期得到力量和良好的结果）来认识诸行无常、诸法无我，这实际上是不可能的事情。因为当一个人对他自己说我将不想一切法，我将不要有一切思虑时，这已经是一种思想，一种行动，这是任何人都能理解的。如果要说完全没有思虑——无为、无想，才是一个人的最高目的的话，那么只有那些丧失知觉能力的人和醉汉才最接近于顿门巴的理想。归根到底，一个人根本不可能通过无思虑而达到成佛的目的。

巴·赛囊和白央完全支持噶玛拉锡拉的论点，否定突然顿悟，认为只有经过逐渐的修持，才能一步一步地取得成就。他们认为“立地成佛”的说法是荒唐的，犹之乎爬山，只能一步一步地爬上去，不可能一下子就到达顶峰。如果按顿门巴的教义，善恶思想在本质上没有什么分别，那也就用不着去克制情欲，积累善行，消除罪业了，因为反正有一天只要放下屠刀就可以立地成佛的。而且一个人如果真的照顿门巴的办法去做，不想、不行、真正无为和无思虑，按逻辑推理，那也只能是束手待毙，还谈什么成佛？

据藏文史籍记载，参加辩论的人采取各种方式辩驳，互相反复责难，大乘和尚这一派曾一度占上风，但最后还是归于失败，被迫向噶玛拉锡拉献上花环，返回内地去了。据传说他在回汉地途中，派遣四名刺客谋刺噶玛拉锡拉未遂。现在喇嘛寺中在作某种仪式时，大乘和尚的面貌还被装扮得狰狞可怖。从此，在吐蕃否定了汉地佛教顿门巴的教法。赤松德赞还下令，有关汉地佛教的经典也不许流通，不许吐蕃人学习禅宗的教法。但是禅宗的教法并没有断绝，并一直影响到后期藏传佛教宁玛派、噶举派的教义和修行方法。

在赤松德赞在位时期，印度佛教相继战胜了本教和汉地佛教，在吐蕃取得了优势地位。当然本教和汉地佛教都留下了“尾巴”，尤其是本教，在吐蕃社会根深蒂固，影响深远。本教史籍记载说当时“许多勉强改信了佛教的本教僧侣，在他们心里仍然是相信本教的”。

赤松德赞在印度佛教战胜本教和汉地佛教之后，决定以印度小乘佛教中的“说一切有部”的戒律为标准的戒律，禁止翻译其他宗派的戒律。同时明令宣布龙树所传的“中观论”是佛法的准则，在吐蕃不许学其他宗派的东西（龙树的中观教法到这一时期已经包括了无著、世亲的“唯识论”的一部分教法，但是公开的“唯识论”教法是被禁止的），这样，就基本上平息了印度佛教内部的宗派斗争。

赤松德赞在这一时期里在拉萨建立了扎叶巴寺，在山南建立了钦浦寺，专门培养僧人，巩固佛教的势力。在赤松德赞时期藏人陆续出家的有三百人之多。赤松德赞还召集吐蕃的小邦王子、贵族大臣开会，决定吐蕃王朝辖区内一律崇信佛教。为防止本教复辟，他还率全体大臣发誓，尊崇佛教，永不动摇（见“赤松德赞第二命令”）。由于这些措施的推行，印度佛教在吐蕃终于取得了优势，站稳了脚跟。

二、佛教势力的持续和高度发展

牟尼赞普的“三均财富”——赛那累即赞普位——赛那累兴佛措施——僧人参政的发展——热巴巾即赞普位——文字规范化运动——热巴巾的强力兴佛——反佛势力的高涨——热巴巾被谋杀

赤松德赞以后，佛教势力在吐蕃得到持续的发展，赤松德赞之后的牟尼赞普、赛那累、热巴巾三位赞普都热衷于发展佛教。吐蕃王室扶植佛教的原因，主要是企图利用发展佛教，解决统治阶级内部王室和贵族之间的矛盾。当时王室主张和唐朝和盟，以巩固自己的集权统治，而贵族权臣则主张通过战争取得实际利益。佛教宣扬的反对战争，主张和平的教义，对赞普系统有利，也可以说王室主和的理论基础是佛教，并且利用这面旗帜来巩固自己的权力。另一方面，王室发展佛教也是为了对付敌对阶级，由于这时吐蕃奴隶制社会的全盛阶段已经过去，阶级矛盾，特别是对立阶级之间的矛盾更趋尖锐，奴隶反抗斗争的事件也逐渐增多，在这样的社会背景下，佛教必然成为王室用来对付被统治阶级的一个工具。

赤松德赞死于公元797年，赞普位由他的大儿子牟尼赞普继承。藏文史籍的记载说，牟尼赞普为了发展佛教，下令属下臣民向赤松德赞时期修建的一些寺院贡献布施。但是人民贡献给寺院的布施悬殊很大，有的人贡献的是金银珠宝，有的人贡献的是绸缎缯彩，有的人贡献的是旧衣破布。牟尼赞普以为人民对佛的信念明显地存在着不同。他的臣下告诉他，这并不是什么信念的不同，而是贫富不均的缘故。牟尼赞普表示，他的人民不应该这样贫富悬殊，于是他下令平均属民的财富，在一年当中就进行了三次。但是三次平均财富之后，问题并没有解决，贫者仍然贫穷，富者仍然富足。牟尼赞普对此大惑不解，佛教僧侣告诉他，这不是什么别的原因，而是由于贡献布施的人前生种下的因不同，所以才有今生贫富不同的果。牟尼赞普由此明白了因果关系的重要，因而更增加了他对佛教的信奉。

从牟尼赞普的“三均财富”，可以看出当时吐蕃社会上平民的两极分化的大致情况。吐蕃奴隶社会中的平民阶层是一个可上可下的社会等级，它既可以上升为奴隶主阶级，也可以下降为奴隶阶级。到牟尼赞普这一时期，平民的两极分化已经十分突出，它导致了吐蕃社会的动荡，也使阶级矛盾更加尖锐激烈。至于牟尼赞普平均属民财富的动机并不像宗教史上解释的那样，而是他企图用行政命令的办法缓和一下当时的阶级矛盾，以利于巩固他的统治地位。但是他的平均财富并没有成功，这样做的结果不仅没有缓和阶级矛盾，反而使对立阶级之间的矛盾以及统治阶级内部的矛盾都更加尖锐化了。我们还应该认识到牟尼赞普不是因为相信了什么因果关系才不再去平均财富了，实际上是他无法继续进行下去了。

史籍上关于牟尼赞普提倡佛教的记载不多，只是说他如何对佛教僧人表示尊敬，亲自在桑耶寺参加重要的宗教仪式等。但是有一点比较重要，即从牟尼赞普开始，以王朝的收入，供给僧人们的生活开支。这是藏传佛教僧人依靠政府资助的一个先声。

根据佛教的规定，一个出家的僧人，可以依靠化缘为生。化缘在藏语中的意思是把幸福平均一下。不管地位多高的僧人，都可以伸手向人要求施舍，不以为耻，给布施的人给一文不为少，给千金不为多。佛家认为这是僧人的正当生活来源。但是，自从牟尼赞普开了先例以后，僧人的生活来源靠政府资助的情况越来越严重，到西藏民主改革前，藏传佛教僧人的生活，主要是靠西藏地方政府的资助，这种开支占了西藏地方政府经济收入的很大一部分。牟尼赞普的这个措施给后世的影响极为深远，藏传佛教之所以对藏族社会有那么深重的影响，很重要的一点就是它有经济后盾，有政府给它支持，而且它还直接地参加到政治、经济的事务中去。

根据史籍记载，牟尼赞普是在公元 798 年被他的母亲蔡邦萨毒死的，其原因有两种可能：一种可能是崇信本教反对佛教的贵族大臣指使蔡邦萨干的；另一种可能是赤松德赞死后，三个王子争夺赞普宝座的结果。

牟尼赞普死后，他的弟弟赛那累继为赞普。赛那累在许多文献中又写作赤德松赞，因和他父亲赤松德赞的名字只是中间两个字对调了一下，为便于区分，我们采用了赛那累的名称。

赤松德赞共有三子：长子牟尼赞普，次子牟如赞普，最小的是赛那累，又称牟笛赞普。赤松德赞死后长子牟尼赞普继位，但是牟如和牟笛并不心甘，都有些活动。次子牟如赞普在小的时候，曾经因杀死一名那囊家族的大臣而遭到流放，及至牟尼赞普被他母亲毒死，才把牟如赞普从流放的地方接回来，准备立他为赞普，但是他又被那囊家的人所杀。剩下来的就是三子牟笛赞普即赛那累了。赛那累能当上赞普，是和他手下的一批僧人对他的支持分不开的。赛那累幼年时期有一位“师僧”——娘·定埃增桑布，对于赛那累的上台可能出过不小的力。在赛那累时期所立的碑文中说，娘·定埃增桑布在赛那累幼年时，如父母亲舅一样养育救护他。估计在当时内争倾轧的险恶环境中，娘·定埃增桑布有功于赛那累，赛那累上台之后，对娘·定埃增桑布为首的一批僧人遂大加信用。赛那累除继承他父亲赤松德赞留下来的发展佛教的基础外，还采取了一些新的措施来扶植佛教。这些措施主要有以下几点：

一、修建寺院。赛那累时期，曾经修建过一座著名的寺院——甲德噶琼寺，在修建这座寺院的时候还留下了碑文（该碑文收入意大利学者图奇的《藏王墓》一书的附录部分）。现存的还有赛那累时期的另外两件文物：一是工布地区离林芝不远的第穆地方，有赛那累时期的一块摩崖石碑，记载了吐蕃王室与工布小邦的盟誓，以及工布小邦对吐蕃王朝的义务等关系。另一件是山南地区琼结县的赛那累墓碑。这块墓碑现在露出地面的有25行，反映了公元9世纪初叶吐蕃奴隶制社会的某些情况，包括发生叛乱事件的记录。

二、翻译经典。在赛那累时期翻译佛经较前有了很大的发展。据记载，这时遍照护、噶玛拉锡拉、无垢友等著名僧人都还健在，他们翻译了不少赤松德赞和牟尼赞普时期没有译出的佛经，法尊说，这时“三藏经典，得以大备”。到以后热巴巾时期，译经活动更是到了登峰造极的地步。

三、优待僧侣。赛那累在修建噶琼寺的命令中明文规定：“对那些已经出了家的人，应当使他们不再受别人的奴役，不征他们重税，并使他们受到保护，不让他们做体力劳动，并由我给予他们以尊崇的地位”。赛那累还规定，“凡有‘三宝’（佛、法、僧）的地方，所需的供养都不得减少”。

四、王室成员出家为僧。为了表示对佛教的信奉，赛那累的大儿子臧玛出了家。赞普的长子等于未来的国王，现在居然当了佛教僧人，其影响是很大的。另外,从赛那累时期起,在赞普的王宫里设置供奉“三宝”的道场。

五、让僧人参与国政。僧人参政，从赤松德赞任命僧人担任“却论”以分减世俗贵族大臣的权势时就开始了。到赛那累时，参与国政的僧人地位更高。在《贤者喜宴》里所录的赛那累兴佛证盟誓文中，担任钵阐布（意即大僧人，是赛那累时期设立的僧官名称）的娘·定埃增桑布和勃兰伽·贝吉允丹排在王妃、小邦王子之后，大论（吐蕃的宰相）之前，可见其地位的崇高。关于钵阐布，汉文史料中也有记载：“钵阐布者，虏浮屠豫国事者也。”或称钵阐布为“国政蕃僧”。唐宪宗还在公元 810 年五月写信给钵阐布，希望他为改善唐蕃关系继续努力。这些都说明当时钵阐布这样的僧人在吐蕃王朝中已居于举足轻重的地位。

赛那累还规定，以后的赞普子孙从年幼者到执掌国政者，都要从佛教僧人中委派“善知识”为师，尽可能多地学习佛法。新立王妃、新任大臣都要在立誓信奉佛法的人中选立和任命。这些规定说明了赛那累打算把僧人干预国政的措施，世代坚持执行下去。

然而，赛那累的兴佛措施也还是有阻力的，这从他修建噶琼寺的命令中可以看出。史料告诉我们，当时“下面”有一些向赛那累提出的要求：

“从占卜和从梦里得来的征兆说明，不应该信奉佛法，如果信奉，就会使赞普遇到灾难，并对国家不利。设在王宫中的‘三宝’道场，应该丢在一边加以封禁。总之，信奉佛法是不对的。”但是赛那累拒绝了这样的要求，采取了一系列发展佛教的措施。为了遏制反对佛教的势力的发展，赛那累再一次领导王妃、小邦王子、贵族大臣发誓尊崇佛教，这在建立噶琼寺的碑文里，有明确的记载。通过这件事也可以说明，本教势力在赤松德赞死后还是一直企图复辟的，不过由于这时佛教在政治、经济上的势力已经比较强大，又得到赞普系统的大力支持，本教复辟的行动才一时没有得到成功。

赛那累共有五个儿子，长子臧玛信佛出家，二子、三子早夭，四子就是朗达玛。这个朗达玛据《新唐书·吐蕃传》说，是一个“嗜酒喜内，凶悖少恩”的人。赛那累死后，由管理吐蕃王朝政务的钵阐布和大论共同商议，立赛那累的第五个儿子赤祖德赞（唐书译为可黎可足）为赞普，藏文史籍常把他称为热巴巾。

如果说倡导佛教、大力发展佛教是松赞干布以来历代吐蕃赞普的共同特点，那么热巴巾在这些赞普中，又是一个登峰造极的人物。他与松赞干布、赤松德赞在藏文史籍中常被合称为“三大法王”。

在热巴巾时期，佛教高度发展的一个重要标志和条件，就是进行了藏文文字规范化运动（其实，这次文字规范化运动并不是始自热巴巾时期，而是在赛那累时期就开始了，只是在热巴巾时期才告一段落，因而我们习惯上说在热巴巾时期进行了藏文规范化运动）。

这次文字规范化运动是通过集中起来的一批著名的佛教学者来进行的，主要改革内容有以下几点：

一、关于文字形式上的改革。适应语音变化的情况，删去一些不起作用的词素，并对拼写规则进行了统一规定。

二、制定标准译名，做到译名统一。规定新翻译的佛经都要按照统一的译名翻译，以便取得今后翻译体例的一致。还规定今后任何人不得私自创造新词汇，创造新词汇须报请王朝批准，然后确定是否通行使用。如有违犯，处以死刑。由此足见其雷厉风行，强力贯彻的一些情况。

三、编成译经书目。一共有三个书目：丹噶目录、钦浦目录、旁塘目录。这三个目录不是在一个时期里同时完成的，而是陆陆续续、直到热巴巾时期才最后完成。钦浦和旁塘两个目录今已不存，丹噶目录中收入的书目有六七百种，包括有赤松德赞以后翻译的佛经。书目编成之后，规定凡是见于三大目录的经典不再重译。三大目录中的译本，都是经过修订的，可以作为范本。

这次文字规范化运动推行得比较彻底，但也遇到社会上的阻力。据说强力推行了三次，最后才取得了明显的效果。今天我们使用的藏文，就是经过这一时期文字改革后规范化了的藏文。热巴巾以后，藏族即进入封建社会，藏文再没有发生大的变化。这一点是和藏族封建社会的长期性有直接关联的。

热巴巾是个在位时间比较长的赞普（815—838 年在位）。他在位期间，吐蕃社会各种矛盾又加深了一步。热巴巾对内采取大力发展佛教的办法，对外极力主张和唐朝和盟，历史上有名的唐蕃最后一次舅甥和盟就是在他在位时进行的。热巴巾对内对外的这两条办法都是为了巩固吐蕃本部的社会安定，同时也是为了扼制贵族将领的势力。

热巴巾发展佛教到了登峰造极的地步，这从热巴巾这个名字就可以得到证明。“热巴巾”的意思是有辫子的人，对于这点有两种解释：一是说热巴巾在头发上系有两条长丝带，丝带铺在僧人的座位上，然后让僧人坐上去，以此表示他对僧人的尊敬；另一种是说他在见到僧人时，脱下自己的头巾铺在地上，让僧人们用脚踏过去，然后再把头巾戴上。这两种说法都是说他用自己的头部去顶礼僧人的脚。类似的做法在中原的帝王中也曾有过，如南北朝时北齐文宣帝（高洋）也“常布发于地，令上（尚）践焉”，这比热巴巾做得更直接。热巴巾除大力支持译经、礼拜僧侣、用玉石修建佛寺之外，在兴佛方面最突出最有名的事是“七户养僧”。他规定每七户平民负责供养一个僧人的生活，僧人可以坐吃现成，平民却加重了负担。他还把王朝对内对外的军政大权交给僧人钵阐布贝吉允丹去掌管，使他的地位高于其他的大臣。热巴巾的这些兴佛措施引起了平民和奴隶对他的极大愤怒，而且也增加了贵族将领、地方势力对他的不满。热巴巾在遇到社会上的阻力以后，仍然看不到危机的严重性，反而采取暴力手段来推行他的兴佛措施。史籍上记载他曾规定，“凡以恶指指僧人者断指，以恶意视僧人者剜目”，这说明，热巴巾对于那些对佛教稍有一点不满情绪的人，也要用砍手、挖眼的残酷刑罚去镇压，而且也说明当时反对佛教的人确实是存在的。

据《布顿佛教史》记载，由于热巴巾把王朝的军政大权交给佛教僧人，引起了“爱做坏事”的贵族们的极大愤怒，于是，他们积极策划消灭佛教势力。他们先向热巴巾进谗言说他大哥臧玛虽然出家，但不守清规戒律，使热巴巾把臧玛流放到了边远的地方。接着这些贵族们又造谣说在王朝里掌权的钵阐布贝吉允丹和王妃交饶萨贝吉昂粗私通，热巴巾一怒之下将钵阐布处死，昂粗也自尽了。当这些贵族清除了热巴巾的左右亲信以后，就发动了一场政变，乘热巴巾喝醉酒时，韦·甲多热和交饶·烈扎二人用绳子缢杀了热巴巾。

关于热巴巾的卒年，一说是公元838年，一说是842年，一说是841年，我们采用《通鉴》的838年的说法。

对于热巴巾的评价，有的人认为他很愚蠢，一心只想发展佛教而不顾王朝的安危。其实，这种说法是不全面的，我们认为热巴巾并不笨拙，他在赞普位20多年，无时无刻不在注意巩固自己在政治上的统治权力，他的顶礼僧人、发展佛教都是为了巩固自己的统治，在尖锐的社会矛盾中保住自己的赞普宝座。如果我们把他的兴佛说成是目的，那就失之于片面了。

三、佛教在吐蕃的中衰

朗达玛即赞普位——禁佛的措施——朗达玛遇刺——王室的分裂——对吐蕃时期的佛教的小结——本教的演变

热巴巾被谋杀后，朗达玛即赞普位。朗达玛本名达玛（《唐书》上记为达磨），因为他是禁佛的，宗教迷信说他是牛魔王下界，所以在他的名字前加上一个“牛”字，成了朗达玛，以表示对他的反感。他是赛那累的第四子，是热巴巾的哥哥。热巴巾死后，贵族大臣们就拥立他为赞普。从史料上看，杀死热巴巾，制造政变的并不是朗达玛，朗达玛登上赞普的宝座，也不是他自己所能决定的。这些都是贵族大臣们的安排，他只是贵族大臣们的一个傀儡，是他们打出来的一面旗帜。禁佛是否出于朗达玛本人的意愿，还值得怀疑。因为朗达玛一上台，韦·甲多热就当了大论，王朝中的一些显要职位也都由反对佛教的贵族们把持起来，朗达玛的行动是要受这些贵族大臣的安排和规定的。藏传佛教史籍中说朗达玛禁佛是因为他是牛神下界，他来到人世间的使命就是毁坏佛教、镇压佛教的，这当然是没有根据的编造。至于朗达玛本人是否崇信本教，依靠本教来打击佛教，因为没有可靠的史料说明，也难于做出结论。总之我们要认识到朗达玛是在前台的人物，在他的背后是有操纵者的。

朗达玛时期的第二次禁佛运动，在范围上比第一次禁佛运动要广大得多，在对佛教的打击上也比第一次禁佛运动要有力得多。这次禁佛的主要措施有以下几点：

一、停建、封闭佛寺。原来在热巴巾时期已经开工修建的寺院都停了工。桑耶寺、大昭寺等著名寺院都被封闭起来，小昭寺则变成了牛圈。其他佛教活动的场所也都被封闭。

二、破坏寺庙设施。寺内壁画在被涂抹掉后，又在上面画上僧人饮酒作乐的画。许多佛像从寺庙里被取出来，钉上钉子扔到河里。大昭寺内文成公主带来的那一尊释迦佛像，据说也打算扔到河里去，但因不易移动而再一次被埋藏了起来。又因为是文成公主把释迦佛像从内地带来，才使吐蕃有了佛教，于是文成公主被说成是罗刹鬼的转世。

三、焚毁佛经。将多种、大量佛经或者烧毁，或者投之于水。但也有少数经籍被僧人埋藏在岩洞里保存下来，这就是以后发掘出来被称作“伏藏”的书。还有些僧人带着佛经逃往边远的地区。

四、镇压佛教僧人。朗达玛上台后，佛教僧人的遭遇是很悲惨的，印度僧人逃走了，也有一部分吐蕃的佛教徒跟着他们一起逃到印度去了，例如赛那累的师僧娘·定埃增桑布和最早出家的“七觉士”中的个别人是跟着印度人逃到印度去的，但是据说这些人都在半路上被韦·甲多热派去的刺客刺杀了。留在吐蕃的僧人被迫选择或者弃佛归本，或者还俗。如果不愿意放弃自己的信仰，就得带上猎狗，拿着弓箭去打猎。他们还被迫拿着本教的法器——鼓，去参加本教的崇拜仪式，而这些都是佛教绝对禁止僧人做的事情。

以上这几项措施，是针对佛教的所谓“三宝”——佛、法、僧，彻底毁弃佛教。因此，虽然这次禁佛运动时间不是很久（838—842年），但是对佛教的打击是非常沉重的，以致西藏宗教史籍上把朗达玛以后的近百年间称为“灭法期”。

在公元842年，有一些被迫去打猎的僧人到了拉垅（在今西藏洛扎县一带）。在拉垅地方有一个名叫贝吉多吉的僧人，因为他在那里“修定”，对于外界的事情毫不了解，经这批打猎的僧人介绍，他才知道这几年发生了禁佛的许多事情。贝吉多吉是个卫道士，决定去暗杀朗达玛，以便恢复佛教原来的势力。于是他暗藏了弓箭，从山南来到拉萨，正碰上朗达玛在拉萨大昭寺前看碑文。他上前佯作施礼，乘朗达玛不备，从袖中拿出弓箭射向朗达玛，一箭射中头部，朗达玛当即身死。贝吉多吉的衣服外面是白色，里面是黑色，他把白马涂上黑炭，在逃跑的路上他又将衣服反穿上，渡拉萨河时，洗掉了马身上的黑色。士兵到处抓白衣黑马的刺客，可是贝吉多吉现在成了黑衣白马，因此终于逃脱了追捕，跑到青海西宁一带去了。

朗达玛有两个儿子：一个是大王妃抱养的，叫作永丹；一个是小王妃生的，叫作欧松。朗达玛死后，在赞普的继承人问题上大臣们分成两派，分别拥护着永丹和欧松，从此吐蕃王室分裂成两支，交相混战。吐蕃在各地领兵的将领也拥兵自雄，彼此征伐不止，过去一些归属于吐蕃的属部也相继脱离了吐蕃的管辖。紧接着一场奴隶平民大起义爆发，席卷了多康、卫、藏广大地区，吐蕃王朝就在这样纷乱的局势下崩溃了。

关于对朗达玛禁佛问题的评价，有的人认为这是一个进步的事件，我们认为，就这次禁佛来说，谈不上是进步的事件，也谈不上是倒退的事件，因为它反映的是吐蕃大奴隶主阶级内部的斗争。朗达玛以前的历代赞普兴佛，都是为对付激烈的阶级矛盾和社会矛盾所采取的一种手段，朗达玛禁佛，同样也是操纵他的贵族势力对付激烈的阶级矛盾和社会矛盾所采取的一种极端的做法。这些人设想，如果煽起人民群众对佛教的憎恨，把社会的种种弊端和矛盾都归咎于王室的兴佛，这样就可以继续维持他们自己的阶级地位。因此，对于兴佛和禁佛，我们都不能贸然地加以肯定或否定。如果仅仅因为朗达玛时期禁止佛教，就把他肯定为历史上起过进步作用的人物，理由是很不充分的。

从松赞干布时佛教传入吐蕃到朗达玛禁佛，在藏传佛教史籍上称为“前弘期”。我们虽然不用这样的划分体系，但是可以将吐蕃时期佛教发展的情况划分为几个阶段：

第一阶段是7世纪初叶至7世纪中叶，这是佛教正式传入吐蕃，并得到以松赞干布为代表的吐蕃王朝的大力倡导的时期。

第二阶段是7世纪中叶至8世纪中叶，包括从佛教势力在松赞干布死后受到压制，经过赤德祖赞倡行佛教，到第一次禁佛运动的全过程。这一个世纪中佛教的发展，值得我们加以注意和研究。

第三阶段是8世纪中叶至8世纪末叶，这是赤松德赞做赞普以后，印度佛教和本教、汉地佛教进行斗争并取得胜利，从而占有绝对优势地位的全部过程。

第四阶段是8世纪末叶至9世纪中叶，这是佛教势力在吐蕃社会获得全面发展的一个阶段，包括牟尼赞普、赛那累和热巴巾在赞普位的半个世纪。

第五阶段是从9世纪中叶朗达玛禁佛算起，这是佛教在吐蕃中衰的阶段。在这个阶段中佛教的发展受到了很大的破坏，几乎被禁绝，所以佛教史籍把从朗达玛禁佛到佛教获得恢复和发展的这一时期称为“灭法期”或“黑暗时代”。

我们再介绍一下在这一历史时期中本教的演变情况。本教在和佛教的斗争中，自身也在变化，而且它的变化是向仿照佛教的方向去演变。出现这种情况的原因：一是因为佛教近在眼前，随时可以学习模仿；二是因为佛教是阶级社会的宗教，它有一整套的教义经典可供本教借鉴。

本教的改革从西藏西部象雄开始，传说中的教主是先饶米沃且。本来原始宗教认为万物有灵，是没有教主的，本教在改变的过程中，发现佛教有教主释迦牟尼，于是就创造了先饶米沃且这个传说中的本教教主。

经过改革后的本教，有一部经典叫《色尔尼》，里面记述了先饶米沃且一生当中的十二件大事。从这十二件大事中可以看出他的一生和释迦牟尼的一生有很多相似的地方。例如说他也是一个王子，出生地在冈底斯山附近的象雄地区。冈底斯山是本教的圣地，所以就把先饶的出生地安排在那里。另外，在叙述先饶的事迹时，也说他如何普度众生，如何受妖魔的迫害，还有汉地的国王——孔夫子和先饶降伏魔鬼，最后也有解脱、涅槃，这些很显然是抄袭佛经，略加改造而得来的。

本教是如何把佛教经典转化成本教经典的，这在《土观宗派源流》（德格版一六四至一六六页）中有一些记载，这些材料指出本教按时间先后可分成三派：一、笃本，这是原始时期，即聂赤赞普时期的本教；二、迦本，这是止贡赞普时期的本教；三、久本，这是变革时期的本教。

久本又按时间先后分为三期：初期久本翻改佛教经典为本教经典的

时间不详；中期久本翻改佛教经典为本教经典是在赤松德赞禁止本教流传以后；后期久本翻改佛教经典为本教经典是在朗达玛禁佛以后。

在朗达玛禁佛以后，一度被压制下去的本教，又开始复兴。半个世纪前被赤松德赞流放到边地的本教徒，只要还活着的都回来了。据说从康区把本教带回拉萨的本教僧人是纳青里巧。他把先前藏在岩洞里的本教经典取出来，加以传布。从这时起，本教创建了一些寺院，有了训练僧人的场所，这就使得本教和佛教更加接近了。

本教的神，由于模仿佛教而有所增加，也出现了等级的差别。本教的经典也同样有了增加，据《青史》的英文译者劳瑞茨在 1931 年提供的材料，得知他曾经在炉霍寺发现了本教的甘珠尔经一百四十卷，丹珠尔经一百六十卷，这说明本教不仅有了一般的经，而且有了本教大丛书一类的巨著。

经过改革以后的本教，有了比较广泛的传播，在边远地区包括与汉族地区邻接的地带和与印度交界的地带都有这种本教流传。在新疆南部出土的木简中，也有本教徒活动的记载。另外，云南纳西族地区，也是受本教影响较大的一个地区。由此可见，改革后的本教向四面八方渗透的能量，也是很可观的，并非仅仅局限于吐蕃腹心地带。

总之，本教本身的变革也说明了佛教与本教的斗争是一个既互相斗争，又互相吸收、互相接近、互相融合的长期复杂过程。

第三章

藏传佛教的形成

一、藏传佛教的特点和形成时期

藏传佛教和佛教的区别——佛教转化为藏传佛教的时期——关于“后弘期”开始年代的几种说法

藏传佛教一般人又通俗地称为喇嘛教，也有人称它为藏传佛教，它和一般所说的佛教既有其相同的一面，又有其不同的一面。我们不把吐蕃时期的佛教称为藏传佛教，而是把经过和本教长期斗争、吸收、接近、融合以后的佛教才称作藏传佛教。它和最初传入吐蕃社会并且获得一定发展的佛教无论在形式上还是在内容上都有很大的不同。它的出现是佛教和本教经过斗争达到融合的一个终结性标志，也是佛教西藏化过程完成的标志。

有的同志认为自寂护、莲花生那时起在吐蕃流传的佛教就是藏传佛教，我们觉得这一提法缺乏说服力。这是因为，第一，把刚刚传入不久的佛教就叫作藏传佛教，忽略了佛教和本教经过斗争而引起变革的一系列过程，也没有说清藏传佛教区别于佛教的特点。其次，我们还要看到藏传佛教的形成与藏族社会经济基础变革之间的关系，这是很重要的一点。历史唯物主义认为，宗教是一种社会意识形态，它的变化必须受产生它的经济基础的规定，或者说基础的变革是第一性的，宗教的变革是第二性的。藏传佛教的形成，我们定为公元10世纪后半期，这时期正是藏族社会进入封建社会不久，是从奴隶制进入封建制这一重大的社会变革以后不久发生的事情。这样划分时期，是有藏族历史发展作为根据的。第三，藏传佛教是在它的发展过程中形成它自己的特点的。在宗教形式上，是佛教吸收不少本教的色彩后才形成藏传佛教的，这是佛教为了进入吐蕃社会而采取的必不可少的“化装”手段。在经济上，藏传佛教和它所控制的经济的关系是“二位一体”的。固然，阶级社会的任何一种宗教，都离不开统治阶级在经济上的大力资助，但是资助与“二位一体”是两回事。这一点也是衡量是否为藏传佛教的一个尺度。还有的人认为活佛转世制度也是藏传佛教的一个明显特征，但是这个特征是以藏传佛教和经济的关系“二位一体”作基础的，是从这一基础性的特点派生出来的特征。首先是有藏传佛教和经济“二位一体”的关系，然后才有活佛转世制度的出现。活佛转世制度首创于13世纪，而藏传佛教早在10世纪后半期就已形成了。我们所说的藏传佛教和经济关系的“二位一体”，在吐蕃时期即所谓“前弘期”的佛教里，并没有出现，或者说至多只有萌芽，这也是历史事实。

总之，藏传佛教是佛教的西藏地方形式，它是以佛教教义为基础的，所以它在本质上是佛教，但是它又具有自己的特点。

关于佛教在什么时候转化为藏传佛教，我们认为应把这个年代定在藏传佛教史籍上所说的“后弘期”开始的那一年。“后弘期”究竟始于哪一年，藏传佛教史籍上对此众说不一。

《布敦佛教史》认为是公元 911 年（辛未）。

《增续正法源流》（作者贡却伦珠，增补完成者桑结彭措）认为是公元 918 年（戊寅）。

以上两种说法实际上没有差别，公元 911 年是喇钦受戒之年，918 年是卢梅去找喇钦受戒的一年。

《青史》上罗列了三种说法，实际上是两个年代：一个是乃巴班智达·扎巴曼粗的说法，认为是公元 949 年（己酉），另外一个是仲敦巴的说法，认为是公元 978 年（戊寅），还有一个是根据西藏杰拉康的建立年代反证“后弘期”开始于公元 978 年。

我们认为布顿的说法只是凭一个老年妇女的记忆，不可靠。《增续正法源流》实际上是根据布顿的说法推算出来的，也不足取。乃巴班智达记为公元 949 年，说是上距公元 842 年朗达玛禁佛一百零八年，这样推算出来便是公元 949 年，这可能也有问题，因为十八、三十六、七十二、一百零八等是佛教上认为吉祥的数字，大概有附会的成分。而两种公元 978 年的说法比较可信，尤其是以杰拉康建立人尚那囊·多吉旺秋的生平来考查则更具可信性。他生于公元 976 年，3 岁时（978 年）佛教重新从多康地区传到西藏，18 岁时（993 年）他从卢梅出家，37 岁时（1012 年）他建立杰拉康寺，这一系列的事情都有年代可考。如果他在公元 993 年出家，那么卢梅于公元 918 年到多康地区向喇钦受戒学法便不可能，因为公元 993 年时卢梅就有一百多岁了。所以，我们认为藏传佛教形成于公元 978 年比较可靠，还有仲敦巴的说法作为旁证，而且从 978 年往后，《青史》一直记录到明代，中间历年不断。因此，我们就把公元 978 年作为“后弘期”开始的一年，并且把这一年作为藏传佛教形成的标志年代。

我们之所以采纳这样一种说法，也是和整个藏族历史发展结合起来认识的。根据藏族历史的分期，从公元 10 世纪初叶起，藏族就进入了封建制社会，各地封建割据的势力次第形成。如果说 10 世纪初叶藏族进入封建社会和藏传佛教的形成是同一节拍的话，似乎不完全合乎情理。因为事物的发展必须有个过程，一种宗教的发展一般需要两个方面的条件，一方面是统治阶级的需要，另一方面是人民群众具备相信这种宗教的前提。藏族社会中新兴起的封建领主阶级觉得需要借助于西藏化了的佛教来维持他们的统治，以常理衡量，总应该在藏族进入封建社会稍后一些的时期里。因此，把“后弘期”的开始定在公元 978 年，是比较合乎情理的。

二、佛教势力的复兴——下路弘传与上路弘传

（一）下路弘传

吐蕃僧侣东逃多康——喇钦与多康佛教中心的形成——吐蕃王朝崩溃后的卫藏——意希坚赞派卢梅等人赴多康学佛——卢梅等人学佛取经的经过——卫藏地区佛教的恢复

朗达玛禁佛以后，佛教僧侣组织解体了，学经的活动停止了，经典的翻译停止了，寺院也被封闭或拆毁了，总之，佛教遭到了严重的破坏，再想在吐蕃本部存在下去已不复可能。据说正当朗达玛消灭佛教时，有三名佛教僧人藏饶赛、约格琼、玛释迦牟尼正在曲卧日（地在今曲水县雅鲁藏布江南岸）山上“坐静”，并不知道发生了禁佛的事件，后来他们看到有些僧人去打猎，经过询问才知道禁佛事件的原委。这三个人立即把他们的佛经，特别是关于戒律部分的经典收拾起来，驮在一匹牲口上，采取昼伏夜行的办法，向西部阿里地区逃亡。由于阿里地区也在禁佛，他们无法立足，便向北逃到今天的新疆，在那里他们受到当地佛教徒的接待。他们在新疆停留了一个时期，后因民族不同，语言不通，于是又

往东走到青海，最后到达了多康地区的玛垅。这里虽然是藏族活动的地区，但是距离吐蕃本部已经很远了，而且吐蕃王朝已经崩溃，所以他们能在这一带住下来，并从事宗教活动。

以后的藏传佛教徒认为，佛教能够在公元10世纪后半期重新得到恢复和发展，主要是靠了这三个僧侣传戒授徒，把吐蕃时期的佛法延续了下来。其实这三个人不过是代表性的人物，类似的其他人还有不少。

藏饶赛等三人在多康住下来以后，有一个青海宗喀德康（在青海省循化县黄河北岸）地方的藏族人，名字叫穆苏赛拔，跟随着这三个僧人出了家，有的佛教史籍上记载他是拉萨以北盆域地方的牧民，原来是个本教徒，后来跟随藏饶赛等人出了家，信奉了佛教。其实他是何处人氏意义不大，说他是本教徒改信佛教这一点，倒是反映了本教和佛教互相接近的一些迹象。

穆苏赛拔出家时的授戒师，除藏饶赛三人外，又请了两位汉族僧人。按照佛教的规定，授比丘戒必须有十名出家十年以上的僧人在场，现因情况特殊，凑了五个人，据说这是达到最低限度的条件了。穆苏赛拔出家的年份据说是公元911年，他的生卒年是公元892—975年，他出家时仅20岁，这个人就是藏传佛教“后弘期”的著名人物喇钦·贡巴饶赛。喇钦意为大师，贡巴饶赛的意思是明白佛教的教理教义，有些汉文宗教史籍译作意明大师，这是人们对穆苏赛拔的尊称。

喇钦出家以后，就在安多藏族地区活动，足迹还曾到过甘州（今甘肃张掖）。他曾打算到卫藏地区去复兴佛教，但是由于听说卫藏地区发生饥荒而未能成行，于是他就在西宁东南的丹底地方住下来，得到当地藏族上层的大力支持，成为这一带很著名的僧侣。他在那里授徒传教，使丹底成了安多地区的一个佛教中心。由于喇钦在形成丹底佛教中心上做出了努力，后来的藏传佛教界对他十分尊崇，阿底峡大师就曾赞扬说，喇钦的成就不是一般人所能达到的。然而喇钦终生未到过卫藏，他传下来的教法又是怎样流布到了卫藏地区的呢？

在朗达玛死后，他的两个儿子永丹和欧松之间连年征战，谁也没当成赞普，王室分裂了。公元869年又爆发了一场奴隶平民大起义，冲击了王室永丹、欧松及其子孙，使得他们四处奔逃。地方贵族势力也发生了重大的变化，有的被起义军杀死，有的占据一片地方，成为割据一方的豪强，整个卫藏地区处在动乱之中。

在这一时期里，有的人开始占据寺庙，自称是寺庙的主人。其实，这是一种不僧不俗的人，他们无非是想乘机捞取些资本。另外，本教徒这时也比较活跃，他们分散各地，影响较广，还有一些人自称是佛教徒，但是他们的所作所为又都是本教的一套。总之，这时宗教在卫藏地区的情况是混乱的。

王室后裔永丹这一支，在奴隶平民大起义中无法在拉萨待下去，就向南发展，在山南桑耶寺附近扎下了脚跟。永丹的第六世孙名叫意希坚赞，宗教史籍上说他所处的年代是公元10世纪初叶的910年左右，这显然是错误的。因为从朗达玛被刺的公元842年到公元910年不过70年，不可能下传六辈人。意希坚赞既是山南的一个地方势力的首领，又是桑耶寺的寺主，这已经体现了“政教合一”这一藏族封建社会的特色。据传说，意希坚赞对佛教十分虔诚，很想发展佛教，但是当时卫藏地区佛教被破坏得十分彻底，于是他就决心派人到多康的丹底去迎请佛教。很明显，意希坚赞迎请佛教是出于他的实际需要，他是个雄据一方的新兴封建主，祖先是吐蕃王室，他所统治的属民有的是自耕农，有的是封建农奴，统治他们已不能像对待奴隶那样任意奴役了，因此，他需要佛教这样的精神武器来帮助他进行统治。

关于意希坚赞出资派遣卢梅·楚臣喜饶等十人到喇钦那里去学佛教的年代，藏文佛教史籍记为公元 918 年，我们认为这个记载是错误的，应该是在公元 970 年左右，其理由是：

一、只有在公元 970 年左右，意希坚赞才有可能是永丹的六世孙；

二、公元 918 年时喇钦才 20 多岁，而丹底佛教中心是 940 年以后才形成的，因此，意希坚赞不可能未卜先知派卢梅到丹底去向喇钦学佛教，而只能是在公元 940 年以后丹底佛教中心形成并影响到卫藏地区的时候才会派遣卢梅等人去多康；

三、卢梅等人会见喇钦应在喇钦的晚年而不是喇钦年轻的时候，不然喇钦何以不与卢梅等人一起去卫藏传教？因此，卢梅等人在 970 年左右到达多康是比较合理的。

卢梅等十人是分地区选派的，有卫地的五人，藏地的三人（或说五人），阿里地区的二人。由此我们可以看出，公元 10 世纪中叶以后，整个卫藏阿里地区已经普遍地进入了封建社会，新兴的封建领主都有利用佛教来维护他们的阶级利益的迫切要求，这是值得注意的。

卢梅等人到了丹底以后，主要是学习佛教的“律学”（又叫律藏）。律是佛教“三藏”之一，是僧徒应持守的准则。他们在学到了藏饶赛等人逃离吐蕃时所带走的戒律方面的经典以后，大约在公元 975 年返回卫藏。他们带回来的这部分律学，在藏文宗教史籍上称为“前期律学”，以区别于后期从阿里地区传来的“上派律学”。

当卢梅等人返回时，意希坚赞已经死了，由他的儿子额达赤巴继承他的位置。额达意为领主，赤巴意为法台、寺主，从他的名字可以看出他是又当领主，又当寺主。额达赤巴和他的父亲一样致力于发展佛教，卢梅等人在他和卫藏其他地方封建势力的资助下，在卫藏和康区各地建立了一批寺院，吸收门徒，传授戒律，使佛教势力得以恢复，并在不太长的时间内，超过了朗达玛以前的规模。

卢梅是这十人的带头人，他的影响最大，门徒最多，他的门徒有四柱、八梁、三十三椽的说法。四柱弟子之一就是尚那囊·多吉旺秋，他于 1012 年建立杰拉康寺（在今林周县热振寺附近）。另外还有一个主梅·楚臣迥乃，他主持建立了唐波且寺（在山南乃东昌珠寺以东），这个寺院在 11、12、13 世纪以出了很多讲经的法师而著名。寺建成以后，卢梅曾经住持过这个寺院。

卢梅有一个弟子叫枯敦·尊追雍仲（1011—1075 年），继承卢梅掌管唐波且寺，他后来又拜阿底峡为师，是“后弘期”很有名的一个人物。

在去多康学习佛法的十人当中，还有一个洛敦·多吉旺秋，他回卫藏后又和商人结伴在后藏古尔摩地方建一小寺，这个寺的地址是商人建议选择的，寺建成后，这里就成了一个集市，寺庙也依赖这个集市维持下来。洛敦就在这里剃度了 24 个人受戒出家，这些人又分别在后藏地区建立了一些寺庙，使后藏的寺庙也慢慢地发展起来。

以上就是佛教从多康进入卫藏地区并得以复兴的情况，在藏文佛教史籍上称之为“下路弘法”。

（二）上路弘传

古格王朝的兴起——古格王朝的译经、建寺与传戒——拉德的兴佛措施——意希沃被杀——阿底峡应邀到古格——阿底峡在藏传佛教史上的地位——火龙年法会

朗达玛的小妃所生的儿子是欧松，欧松有个儿子叫贝考赞，于公元923年被起义军杀死。贝考赞有两个儿子，一个叫扎西孜巴，留在卫藏地区，另一个儿子叫尼玛衮，在其父被杀后带了三名亲信随从及一百骑兵，向西逃到阿里地区布让（普兰）地方，与当地地方官的女儿结婚，慢慢地在那里发展成为雄据一方的新兴封建地方势力。

尼玛衮有三个儿子，在尼玛衮死后，三人闹分裂，一个跑到拉达克去建立拉达克王朝，另一个在冈底斯山附近的普兰继续发展实力，第三个儿子德祖衮到了象雄（今象泉河谷的泽布隆地方，属札达县）。德祖衮有两个儿子，大儿子叫柯日，二儿子叫松艾。柯日继承了父亲的地位，还把他伯父所属的普兰地区，也归并到自己属下，建立起了古格王朝，基本上囊括了阿里南部富庶的农牧业区。柯日是一个热心于发展佛教的人，他不仅竭力提倡佛教，本人还以出家僧人自命，取了一个法名叫意希沃，而且将王位让给他的弟弟松艾，但是从很多迹象看来，王朝的实权仍然掌握在幕后的意希沃手中。

古格王朝的意希沃与远隔数千里的桑耶寺的意希坚赞的情况颇有几分类似之处，都是一个“政教合一”的小天地，这是藏族进入封建社会以后的共同特点。这个特点一直影响到以后的藏族社会。

藏文史籍上记载，意希沃认为大乘佛教中显宗的教法是释迦牟尼的

教法，但是他对大乘佛教中的密宗教法是否是真正的佛教感到怀疑。于是，意希沃从他的属民中挑选了21名有培养前途的青少年（从10岁到20岁）到迦湿弥罗（今克什米尔）一带去学习，主要学习当地的语言文字和佛教密宗的教法，以便解决密宗是否佛教正宗的问题。当时克什米尔一带是佛教很发达的一个地方，那里有很多佛教经师，也有很多佛教流派在那里流传。但是，意希沃派去的21人因受不住克什米尔的炎热气候，又遇到瘟疫流行，21人中死了19人，只剩下仁钦桑布和玛·雷必喜饶二人活着回来。

仁钦桑布(958—1055年),是古格当地人,13岁出家。由于人很聪明，被意希沃选中出国留学，第一次去了七年，学了不少显密教法，以后又连续出国，向印度的75位大师学习，回来后比较出名，人称洛钦（即大译师）。玛·雷必喜饶不如他有名，人称洛穷（即小译师）。仁钦桑布还请来许多印度、克什米尔的佛教师到古格协同译经，在意希沃的大力支持下，有很多佛教经典被译成藏文。据统计，仁钦桑布一生共翻译了17种经，33种论，108种怛特罗（密宗经咒），还有医药、文法、工艺等方面的一些书。从沟通中印文化的角度来看,他是做出了贡献的。另外，他还对赤松德赞时期一些旧的佛经译本进行了修订，这也是一项很繁重的工作。他能做出这些成绩，与他本人的勤奋努力是分不开的。

仁钦桑布译经的特点，第一是数量多，第二是以密宗为主。藏传佛教史上把他当作一条界线，他和他以后翻译的密宗经典，叫作新密咒，而把他之前的叫作旧密咒。有人认为在“后弘期”出现的藏传佛教教派中密宗比较盛行，是和仁钦桑布翻译了大量的密宗经典有直接关系。

为了方便译经的工作，意希沃在泽布隆附近仿桑耶寺建立了一座托林寺，成为阿里地区著名的佛教寺院。此外，还建了一些比较小的寺院。除了建寺译经外，意希沃还迎请戒律，他请来东印度的达摩波罗和达摩波罗的三个门徒，传授佛教的戒律，这在藏传佛教史上称为“上派律学”。

佛教在古格王朝的传播，也遭到过本教的反抗，例如佛教史籍上记载着仁钦桑布在芒域降伏了鲁噶甲，主要是因为他在修建寺院时得罪了这位地方神灵。实际上这就是佛本斗争的一个反映。既然说降伏了鲁噶甲，证明本教对佛教的反对没有成功。但是这一带的确是本教的圣地，一直到 11、12 世纪米拉日巴时，本教在这一带还是很有势力的，只不过因为它逐渐向佛教靠拢，又没有统治阶级的支持，它的声势就不可能和佛教相提并论了。

松艾在位时间不长，死后由他的儿子拉德继承王位，这时意希沃还没有死，不过拉德在处理行政事务方面要比他父亲有多一些的权力了。拉德也竭力发展佛教，对仁钦桑布也很尊敬，尊称他为金刚阿阇黎，阿阇黎就是梵文意为是道行高、行为可为规范的高僧。金刚阿阇黎是对密宗僧人的尊称，这可能是因为仁钦桑布在鉴别密宗、翻译密宗经典方面有功绩的缘故。拉德还为了表示对仁钦桑布的尊敬，把普兰的协尔地区作为一块封地封赐给仁钦桑布，名为“却豁”（即供养庄园），这不仅是藏族历史上第一次出现“豁卡”即庄园这个名词，而且也是由政府给僧人封赠土地的一个先例。在吐蕃时期，不过是由王朝的行政收入供养僧人的生活，并没有直接把王田封赐给僧人。而现在僧人们有了自己直接控制和管理的封建庄园，这样的僧人应该说是喇嘛了，这是在 10 世纪后半期发生的事。

在拉德执政时期，意希沃仍然和过去一样为发展佛教而努力。这时孟加拉的僧人阿底峡已经很有名气了，当时他正在做印度超岩寺的主持人之一。超岩寺当时属于摩揭陀国（即今印度比哈尔邦的南部，靠近孟加拉），是印度很著名的一座佛教寺院。意希沃听到阿底峡的名声，很想迎请他到古格来传教，但是阿底峡要用许多黄金才能请来，于是意希沃用武力在附近地区搜刮黄金。当他率兵到噶洛国搜刮黄金时，打了败仗，成为噶洛国王的俘虏。噶洛可能是汉文史籍上记载的葛逻禄国，是突厥语系的一个民族，信奉伊斯兰教，位置在西藏的西北方。噶洛国王指给被俘的意希沃三条出路：一是放弃佛教信仰，改信伊斯兰教；二是由古格王朝用意希沃等身重的黄金来赎回；三是如果既不愿改变信仰，又不愿以黄金赎身，就将他处死。这个消息传到古格后，拉德的第三个儿子绛曲沃（也是个出家人），极力想营救他的伯祖父。他在附近地区搜刮到不少黄金，便到噶洛国去赎意希沃，但是据说这些黄金只够赎回意希沃的身体，还差赎取他的头的黄金。于是意希沃对绛曲沃说，我已经年老了，也起不了什么作用，不如拿这些黄金去迎请高僧大德阿底峡到古格来传教。绛曲沃无法，只好返回古格，派专人带着黄金到超岩寺去迎请阿底峡，而意希沃则被噶洛国王杀死了。

阿底峡（982—1054 年）是孟加拉达卡附近人，出身于王族，是个王子。29 岁出家，他的老师有印度密宗比较著名的大师香蒂巴、那饶巴等，他曾先后担任过 18 个寺庙的住持。当古格王朝派去的人向他献上黄金，说明来意后，他接受了邀请，于 1040 年动身，1041 年到尼泊尔（他是借口到尼泊尔“朝圣”离开超岩寺的），1042 年到达古格。当时的古格王已是拉德的长子、绛曲沃的大哥沃德。他为阿底峡举行了隆重的欢迎仪式，以表示他对佛教的虔诚信仰。

附带要说明的是，阿底峡到古格来，并不是因为接受了黄金，也不单纯是为讲经传教，而是因为当时在印度佛教受伊斯兰教排斥的缘故。在这一历史时期为佛教寻找出路而来西藏的印度僧人，不止阿底峡一人。

阿底峡入藏时，已经60多岁了，而仁钦桑布已年近90了，他们二人在托林寺会见之后，仁钦桑布还是拜阿底峡为师，并向他学习有关佛教密宗的一些教法。

阿底峡在古格大部分时间住在托林寺。他的活动包括讲经、译经和著述，做了不少的事情，当然，其中也有仁钦桑布的一份力量。阿底峡在藏传佛教史上的地位是很突出的，后人推崇他在发展佛教方面所起的作用，尊称他为“佛尊”。有人将阿底峡的作用归纳为两个方面——教理系统化和修持规范化。所谓教理系统化是说在阿底峡以前，在戒律和密宗方面没有一定的准则，到阿底峡才把戒律和密宗加以系统化。所谓修持规范化，主要是说阿底峡有一部名著《菩提道炬论》（又译作《菩提道次第明灯》）。这部书是他献给绛曲沃的，也是他到西藏后针对当时藏传佛教界在修持方面所出现的一些弊病而写的，主要是讲修持要有次第，一定要按书中阐述的规范去做。这部书对以后藏传佛教的影响是很大的，在藏传佛教史上占有重要的地位。

阿底峡在古格一共住了三年，到1045年他动身回印度去，但是当他走到普兰时遇到了卫藏地区派去迎请他的人，于是他应邀又到卫藏地区。阿底峡到达卫藏可以算作是复兴佛教的势力从阿里进入卫藏的一个标志。这在藏传佛教史上叫作“上路弘法”。关于阿底峡在卫藏地区的活动及在卫地区去世的情况，在之后章节中还要介绍。

由于古格王朝大力兴佛，无形中也成了一个佛教中心。1076年，在当时的古格王孜德（沃德之子）的大力支持下，在托林寺举行了纪念阿底峡去世的法会，康区和卫藏地区都有佛教徒前往参加。因为这一年是藏历火龙年（丙辰年），所以这次法会称为“火龙年法会”。这次法会是在藏传佛教复兴运动开展后不久举办的一次藏族各地区佛教徒的代表会议。虽然对这次法会的具体内容缺乏详细的记载，但是我们知道，在这次法会后，有很多人顺路到克什米尔和印度去留学，又培养了一批译师，对稍后一段时期内藏传佛教各教派的形成是有直接影响的。

三、佛教复兴势力的其他活动

弥底论师的活动——卓弥译师的活动——他们的弟子——结束语

除前述“上路弘法”和“下路弘法”以外，还有一些与此有关联但又不能划入这两路范围的佛教复兴活动，这些活动在藏传佛教史上也是有重要地位的，现简略介绍一下。

在公元10世纪后半期，有一个兼通梵文和藏文的尼泊尔译师，名叫烈如孜。他到印度去请了两位佛教大师到西藏来。这两位大师一个叫茶拉仁瓦，一个叫弥底。烈如孜到西藏后一场暴病死了，这两位印度大师一不会藏语，二不了解情况，流落在西藏。关于茶拉仁瓦历史上没有留下什么记载，弥底在后藏达纳（在今谢通门县）地方，靠给别人牧羊为生。后来有一个西藏译师索南坚赞遇到他，发现这个牧羊人是一位佛教大师，就把他请到曼垅地方，向他学习佛法。后来弥底学会了藏语文，又到了康区，在丹垅塘地方讲经传教，并且从事翻译。他还用藏文写了一本《语言门论》，是一部著名的藏文文法书。

弥底的弟子当中，最著名的有赛尊、噶当派的创始人仲敦巴，还有卢梅的再传弟子枯敦·尊追雍仲等人。

由于弥底的努力，在康区也形成了一个讲授佛学的小中心，时间是在公元10世纪后半期到11世纪初。弥底是从上路（阿里一带）进藏的印度人，但他的活动又主要在康区，对“下路弘法”的重要人物枯敦等人也有影响，所以把他单独列出来，不归入上下两路之中。

贝考赞的长子扎西孜巴的后裔中的一支，在后藏拉堆（今昂仁一带）发展起来。当去多康学佛回来的卢梅十人中的藏地代表洛敦·多吉旺秋在后藏建寺收徒时，扎西孜巴的后裔请求洛敦派人到他们那里去建寺度僧。洛敦派了他的门徒释迦宣奴、意希尊追等人到拉堆去。拉堆距离印度不远，若想在这里发展佛教，最好是选派一些人到印度去留学。于是他们从拉堆选派了几个青年到印度去。在这几个青年中有一个叫卓弥·释迦意希，还有一个叫达罗·宣奴尊追。这几个青年先后在西藏和尼泊尔学了一个阶段的梵文，然后才到印度超岩寺去。达罗·宣奴尊追注重朝山拜佛，在佛学方面没有什么大的成就。卓弥在超岩寺学习了八年，先后学了戒律、般若和密法。以后他又到东印度学了四年，向般若因陀罗茹箕专门学习密法，并且学到了“道果”教授。“道果”是藏传佛教中很重要的一个密法，萨迦教派就是传承“道果”教授的。卓弥·释迦意希学成后回到西藏，建立了一个牛古垅寺（在拉孜、萨迦一带）。卓弥又从印度请来迦耶达惹论师，五年之间向他供奉了黄金五百两，向他学到了有关“道果”教授的一切教法。卓弥对于梵文也很精通，翻译了不少佛教经典，所以被人们称为卓弥译师。卓弥收了不少门徒，但是他每向一个弟子传授一种密法，必向弟子要很多钱，所以有人只好舍近求远，直接到印度去学密法。从这些记载中我们可以看到当时藏族社会随着生产的发展，财富逐渐增多的一些情况。

在卓弥众多的门徒中，最有名的是萨迦教派的始祖贡却杰布。宁玛教派的始祖素尔波且也曾向卓弥献黄金百两，向他学习“道果”教授。另外，噶举教派的始祖玛尔巴也曾经向他学习过梵文。

卓弥和“上路弘法”有关，无论从施主本身或是从佛法来源都是属于上路，但是他本人的老师又属于洛敦·多吉旺秋一系，是“下路弘法”的人，所以也把他另行列出。

从这一讲的内容来看，自公元 9 世纪中叶以后，经过一个世纪左右的混乱局面，到 10 世纪后半期，从康区、卫藏直至阿里的整个藏族地区，社会逐渐稳定下来，佛教又在这些地区得到复兴和发展。这一时期中，各个新兴的封建地方势力，感到宣传佛教思想和帮助佛教徒搞宗教活动，对于维持他们的封建统治和封建剥削大有好处，所以都积极发展佛教。到阿底峡进入卫藏时，佛教僧人的人数已增加到数千人之多（这是噶当教派始祖仲敦巴告诉阿底峡的）。另一方面，这时藏族社会在政治上是分散的，各个地方势力各自为政。反映在佛教上就是佛教复兴势力的活动是分散的、自流的。这时期进藏的印度僧人流派不一，出外学佛的西藏僧人也是各学一套，佛教在这时固然是恢复了，终究还显得有些混乱。阿底峡到西藏后对教理和修持的系统化和规范化起了不小的作用，有一定的影响，但是他未能将佛教统一起来。随着藏族封建经济的发展，藏传佛教的这种混乱局面渐渐发生变化，开始进入各个教派形成和发展的阶段。

第四章

藏传佛教各教派形成和发展简史

一、藏传佛教教派的形成

教派形成的时期——教派形成的特点——对藏传佛教教派形成的历史条件的认识

如前所说，藏传佛教形成的年代，是在公元 978 年，而藏传佛教教派的形成过程是从在此以后的 11 世纪中叶开始，直到 15 世纪初叶才完成，一直延续了 300 多年。

认识藏传佛教教派的产生和形成的过程，必须与研究藏族历史的分期密切配合，这是一个原则。也就是说，我们不能脱离开当时藏族社会经济条件去片面地、孤立地谈论藏传佛教教派的产生和形成，那样就势必对问题的理解发生错误。藏族社会自公元 10 世纪以来就进入了封建社会，而封建割据的地方势力也逐渐出现。在这些新兴起的封建领主的积极倡导下，首先是佛教势力复兴起来，接着在比较富庶的河谷地区建立了一些佛教寺院。这些人口比较集中、经济比较发达的河谷农业区，正是藏传佛教得以发展的基础。换言之，居住在这些农业区里的藏族群众，既是传教的对象，又是佛教僧人经济来源的提供者，藏传佛教是扎根在这样的土壤上的。

到公元10世纪初，藏族进入了封建社会。佛、本二教也在10世纪后半期，在长期的斗争和融合的基础上形成新的藏传佛教。在这之后，情况发生了变化，藏传佛教作为一个完整的适合于藏族封建社会特点的宗教体系出现在藏族封建社会之上。新兴的封建主阶级与吐蕃时期的两家奴隶主（王室和贵族）既有共同之处，也有不同之处。利用宗教来巩固自己的统治，是他们的共同之处，新兴的封建主割据一方，各自为政，而吐蕃的奴隶主统一在吐蕃王朝之下，这是他们的不同之处。新兴的封建主在他们各自的辖区内，把持着当地的佛教势力，但是在开初，这些分别隶属于不同的封建主的佛教势力也还没有形成不同的藏传佛教教派。如卢梅等人从多康传入了喇钦的教法，阿底峡在阿里听到后，还表示了高度的敬意，并没有什么门户之见。只是在封建社会得到更进一步地发展，各个封建割据势力已发展到互相间开始发生争权夺利的斗争时，不同的封建主掌握下的藏传佛教势力之间，才产生了门户之见。也正是在这时，才逐渐出现了藏传佛教的教派。因此，我们认为藏传佛教教派产生的主要原因是藏族封建经济的发展。当然，也并不完全排斥宗教上的原因。随着经济的发展，作为经济基础之上的社会意识形态的宗教也在发展，在教义、仪式上出现分歧也是自然的趋势。在藏传佛教形成的时候，从印度传到西藏的显宗和密宗的各种主要经典都已译成了藏文，藏传佛教徒在显宗的教义和密宗的修法方面已经形成了体系，这也为藏传佛教出现各个教派准备了条件。

二、较早形成的几大教派——宁玛派、噶当派、萨迦派、噶举派简介

（一）宁玛派

历史源流——僧人分类及特点——11至14世纪时的代表人物——和元朝的关系——关于“伏藏”——和达赖五世的关系——重要寺院——关于“九乘”和“大圆满法”——神像——在欧洲传播的藏传佛教各教派中历史最久远的一派是宁玛派。

宁玛有两个意思，一是古，二是旧。所谓古，是说这个教派认为他们的一套教法，是从公元8世纪的时候由莲花生传下来的，而藏传佛教其他的教派是在11世纪中叶以后新创立的，所以宁玛派的历史渊源要比其他教派早300年。这样当然就是古了。所谓旧，在显宗方面不分新旧，只是在密宗方面，一般都以仁钦桑布为界，在他之前翻译过来的密宗经典算是旧派，他以后的算是新派。宁玛派的人自称他们是以传承并弘扬吐蕃时期所译的密籍（如莲花生、无垢友、遍照护、娘·定埃增桑布等人的译本）为主，所以他们是旧派。如果我们也真的认为宁玛派就

是吐蕃王朝时期的佛教，那就是形而上学地看问题了。实际上它是不断发展和演变的，应把它看成是“后弘期”藏传佛教的一派，只不过他们遵循的是旧的传承罢了。

密宗是公元8、9世纪从印度传到西藏来的，当时翻译密宗典籍是有限制的，传授密宗也是秘密地单独传授。9世纪中叶的朗达玛禁佛，主要是摧毁佛教寺院组织，消灭佛教在政治上的势力以及在社会上的影响，所以密宗并未像显宗那样遭到毁灭性的打击。他们在家庭中以父子兄弟相传的方式延续下来，没有间断。但是这种由家族传承下来的佛教密宗，其中掺杂了不少本教的东西，这是因为密宗的神怪色彩和本教颇多类似之处。尽管佛教和本教在长期斗争中佛教是占了优势，但是在民间，本教还是有深厚的基础的，密宗沾染上一些本教的色彩就是自然而然的事了。由于这个原因，11世纪以前翻译的密宗经典，就与后来的密宗有很大的区别。传授这些旧密教的人，既不像后期的其他教派那样有寺院，有僧伽制度，也没有形成系统的佛教教义。直到11世纪，有所谓“三素尔”的素尔家族的三个人出来，才建立寺院，并有了一定规模的活动，宁玛派作为一个教派来说，到这一时期才算形成。

宁玛派的特点是组织涣散，教徒分散各地，教法内容也不一致，各有各的传承。因此，很难作统一的系统的叙述。总的来说，宁玛派的僧徒大致可以分为两类：

第一类人叫作阿巴，专靠念经念咒在社会上活动，不注重学习佛经，也谈不上有什么佛教理论，他们和本教徒很相近。在藏族社会中一直把这些人看成是真正的宁玛派僧人，在藏文史料中并没有关于这些人活动的记载。

第二类人有经典，也有师徒或父子的传授。根据他们所敬奉的经典的来源，又可以分成两种：一种叫作噶玛，又称为口传，他们主要是根据公元 8、9 世纪以来翻译的密宗经典，在民间由父子或师徒相传而沿袭下来。另一种叫“代玛”，又称伏藏，据说是 8 世纪末由莲花生等人把密宗经典埋藏起来，几百年后被人挖掘出来，进行传授的。

起初，藏传佛教其他教派的人看不起宁玛派中的阿巴，就是对第二类人也很轻视，认为他们的经典不是伪造的就是假托的，并不把他们看成是佛教的一支。直到 12、13 世纪以后，他们发现宁玛派的经书中的确也包含了一些比较古的内容，如一些古代史料和古代传说等，同时在后来发现的梵文经典中，的确有宁玛派弘传的几部经书的原本，这才把宁玛派看成是藏传佛教的一个教派。当然，后来宁玛派也受到“新密咒”的影响，其僧人也重视学习显宗的理论，改变了过去只重视密宗而不重视显宗理论的偏向。

宁玛派中最重要的代表人物是所谓的“三素尔”。他们是素尔家族的祖孙三代人，现分别介绍如下：

第一个是素尔波且（1002—1062 年），意为大素尔。他的本名是释迦迥乃，因他建立了乌巴垅寺，所以又称乌巴垅巴。他曾向当时许多“旧密咒”的法师学到许多宁玛派的东西，并把宁玛派的经典整理成为系统。他的门徒很多，相传有一百零八人能够经常“修定”，其中有四名最好的门徒，包括他的养子素尔穷在内。

素尔波且曾向卓弥学习“道果”教授，还曾经和一个显宗法师，一个本教徒共同修建了一座寺庙，这说明他与其他教派以及本教发生过联系。史籍中还说他很富裕，一生没有结婚。

第二个是素尔穷·喜饶扎巴（1014—1074 年），又称甲卧巴，也称拉杰钦波（意为大医师）。他本是一个行乞僧人的儿子，后来被素尔波且收为养子，并向素尔波且学到了全部密法，继承了乌巴垅寺寺主的职位，后来他又把主持寺政的权力交给别人，独自到甲卧地方修法 13 年。据说他在修法期间得到了“大圆满”的境界。他还拜见过阿底峡的一个门徒桂·枯巴拉哉，听枯巴拉哉讲过《喜金刚经》。史籍上还说他在年若地方和四个学显宗的人辩论，四人同时向他问难，都辩不倒他，于是四人便拜他为师。他的弟子也很多，也有“四柱八梁”的说法，而继承他宗教方面的事业的是他最小儿子濯浦巴。

第三个是濯浦巴·释迦僧格（1074—1134 年），有时也称他为拉杰钦波·濯浦巴。他是素尔穷最小的儿子。他出生那年丧父，由母亲在舅父家养大，15 岁时开始学习佛教，19 岁以后家里财产更多了，以致因管理家产而没有时间到外地去求学，于是请他父亲的四位高徒在家里给他讲经，又向别人学了“大圆满法”，他慢慢地成了当时的一个有名人物。后来，他传法收徒，门徒达一千多人。因他曾在濯浦地方建寺，所以人们称他为濯浦巴。

从三素尔的生平事迹中我们可以看到，素尔家族虽然不是显赫的贵族，但是很富裕。这说明在 11 世纪后半期，一些原来不是奴隶主贵族的人，也能靠积聚钻营而变得家资富有，家族成员也成了创立教派的人物。同时在三素尔中有两人享有“拉杰钦波”的尊称，说明他们是既传教又行医的人，这是巫、医结合的古代遗风。三素尔活动的年代是从 11 世纪上半期到 12 世纪上半期，他们属于有经典传承的“噶玛”系统。他们所传的内容以“幻变”“集经”两部为主。

除三素尔之外，宁玛派的第四个代表人物是绒·却吉桑布。他出生在后藏的空绒，与三素尔同时。史料记载他从12岁起就很通达佛教经典，懂因明（佛教逻辑）、吠陀（佛教知识）等佛教经典以外而又与佛教有关的知识。他还懂梵文，能译经，著有密宗典籍的注疏和其他论著，如给弥底的《语言门论》作注解，还著有几部藏文文法书。因为他学识渊博，享有“班智达”的称号。“班智达”是印度对于通达“五明”之人的尊称，意即学者、老师。“五明”，又分为“大五明”及“小五明”。“大五明”包括内明（佛学）、因明（正理学，即佛教逻辑）、声明（声律学）、医方明（医学）、工巧明（工艺学）。“小五明”包括：星象学、修辞学、辞藻学、韵律学、戏剧学。

绒·却吉桑布所传承的宁玛派教法，又分成三个系统，即心部、自在部和教授部。这三个系统各有师承，但彼此又互相影响。宁玛派的人把这三个系统，特别是最后的教授部，称为“大圆满法”，而大圆满法以后便成了宁玛派的主要教义，又是这一派所特有的教法。

宁玛派的第五个代表人物是隆钦饶绛巴（1308—1364年）。他本名智美沃色，12岁时出家，向当时很多著名人物学习宁玛派和其他教派的密法。又在桑浦寺内学习“慈氏五论”（印度高僧弥勒所著的以《现观庄严论》为首的五部显宗著作）和“法称七因明论”（即印度高僧法称著的以《量释论》为主的七部讲佛教逻辑的著作）等显宗经论，成为当时著名的显、密兼通的人物。

隆钦饶绛巴修订过宁玛派的密法，还写过很多宁玛派密法著作，后人对他的著作很重视。其中最著名的有《七宝藏论》，是某些宁玛派寺院僧人的必读书。

隆钦饶绛巴生活的年代正是帕竹地方政权的绛曲坚赞掌权的时候。帕竹是噶举教派的一个支系，从元朝末年到明朝中叶以前，一直是卫藏地区的掌政教派。帕竹地方政权曾限制隆钦饶绛巴的活动，后来经人调解，隆钦饶绛巴才又收徒传教。

隆钦饶绛巴还到过不丹，并在不丹建立了一座塔尔巴林寺。不丹境内的宁玛派，是从塔尔巴林寺传授出去的。后来宁玛派又从不丹传到尼泊尔。在近代，不丹、尼泊尔的宁玛派僧人常到康区的佐钦寺（在四川省甘孜藏族自治州德格县）学习宁玛派的教法。

宁玛派在13世纪时，由于三素尔等人大力传授教法，获得了一定的发展。这时，有一个名释迦沃的宁玛派僧人，曾经把一部挖掘出来的“伏藏”经典——才曲通过元朝的官员献给元世祖忽必烈，忽必烈封给释迦沃一个“拔希”（即法师）的称号。忽必烈之兄蒙哥曾封给噶玛噶举教派黑帽小支系的第二世活佛一个“拔希”的封号。在藏族人民的心目中，这是一个和元朝时期帝师的等级相差不多的很高封号。

稍后一些时候，另一个宁玛派僧人雍敦巴（1348—1365年）曾到过北京，受到元朝政府的优厚款待。元朝政府还派他到一个天旱的地方去求雨。其他未见记载。

另外还有一个宁玛派僧人桑结扎也曾到过北京，元朝的一位皇帝曾封给他大量的土地。

从这些零星的记载可以看出，元朝时宁玛派僧人已经和中央政权建立了联系，并且得到元朝的封赐和优待。

在宁玛派的经典中，有一个重要部分是所谓的“伏藏”。伏藏是从地下或山洞中挖出来的经典，它们有真有假，真少假多，自埋自挖的假托“伏藏”之名的伪书也不少。大约从12世纪开始，宁玛派就陆续出现了不少挖掘伏藏的人。其中著名的有娘·尼玛沃色（1124—？年）。他挖了不少伏藏，通称为“上部伏藏”。后来又有一个古如·却吉旺秋（1212—1273年），继续挖出不少伏藏，通称为“下部伏藏”。娘·尼玛沃色估计是江孜一带的人，古如·却吉旺秋估计是康区德格一带的人，故有上下之称。在他们之后，到15、16世纪时，还有不少挖掘伏藏的人，如热特那林巴，将上、下伏藏及他自己挖出来的伏藏汇集在一起，刻印出来，这就是“南藏”。到16世纪早期，后藏拉堆绛地方一个统治者家族的成员仁增郭吉登曲坚，也发现了不少伏藏，并且刻印了出来，这就是“北藏”。

这些伏藏中有一些是讲宁玛派传承的，可以当作史料来看，有一些可能保存了比较古老的关于吐蕃王朝时期的历史资料和传说，著名的有《五部遗教》和《莲花生遗教》等书，对于研究吐蕃历史有一定的参考价值。此外，还有一些医书，也是以伏藏的形式流传下来的。

作为一个教派，宁玛派不像萨迦、噶举等其他教派。萨迦、噶举等教派一直有一个中心寺院，并由这个教派的领袖人物一代接一代地传承下来，而宁玛派自11世纪形成教派以来，一直是分散发展着的。宁玛派也不像其他教派那样和地方势力有比较密切的结合关系。宁玛派在元朝虽然和中央政权建立了联系，但是这也未能使它在藏族地区形成一个稳定的寺院集团势力。

直到16、17世纪，在前藏一带才出现了较为有规模的宁玛派的寺院。特别是在17世纪由于五世达赖的大力支持，宁玛派在前藏的两个著名寺院敏珠林和多吉扎寺才有了显著的扩展。五世达赖自己还创建了一座名叫南杰盘德林的寺院，专门传授宁玛派的教法。这座寺在 1718 年与敏珠林、多吉扎一起被侵扰西藏的准噶尔蒙古兵摧毁。修复以后，南杰盘德林变成了格鲁派寺院。此外，五世达赖还把噶玛噶举教派创始人都松钦巴在山南洛扎建立的拉隆寺改为宁玛派寺院，并且帮助建立了不少宁玛派的属寺。

众所周知，五世达赖是黄教的领袖，但他一直是支持宁玛派的，甚至他本人也修习一些宁玛派的教法，还著了一些关于宁玛派教法的书。估计这是因为宁玛派着重于密宗教法。它的仪式中，有不少野蛮的成分，如血祭、用人体器官进行秘密祭祀等。这些内容对于五世达赖刚刚强化起来的封建农奴制的统治大有可以利用之处，于是五世达赖选中了宁玛派。应该指出，自 15 世纪初叶格鲁派创立以后，格鲁派上层对于宁玛派一直都是反对的，只是到了五世达赖时，才转而采取支持的态度。

五世达赖以后，西藏地方政权的一些掌权人物如颇罗鼐等，有的公开支持宁玛派，有的在修习格鲁派教法之外，还兼带修习宁玛派的教法。经过这些上层人物的带头提倡，宁玛派才得以延续发展下来，直到民主改革前，宁玛派在藏族地区还保存了一定的势力。

宁玛派的寺院，对后期藏族历史发生过较大影响的有以下几座：

一、多吉扎寺。16 世纪晚期，原十三万户之一的拉堆绛的统治者扎西道杰，被辛厦巴·才旦多吉打败，所辖土地都被辛厦巴家族占据，于是他就到处传教，集聚了一批僧人，他组织的这个僧团叫作“艾旺教团”。后来扎西道杰在拉萨以南雅鲁藏布江北岸创建了一座多吉扎寺，时间约在 16 世纪末。这座寺院一直是宁玛派在前藏的主要寺院之一，它以传授“北藏”系统为主，附带也传授“三素尔”以来的一些佛教经典，寺主以转世的形式代代相承。

二、敏珠林。约在17世纪中叶，一个名叫居美多吉的宁玛派僧人在前藏雅鲁藏布江以南的山南扎囊县境内建立了一座敏珠林寺。这座寺院是宁玛派在山南的主要寺院之一，它以传授“南藏”为主，附带也传授“三素尔”以来所传承的佛教经典。敏珠林寺在寺主的继承上以父子或翁婿传承，并不完全限定在父系血统关系上。另外，敏珠林寺还以文字书法优美著称，原噶厦政府下面的僧官学校的校长——“格根钦波”，向例是由敏珠林寺的僧人中委派。

敏珠林和多吉扎因所传的伏藏不同而形成了宁玛派的两个小支系。18世纪时这两座寺院都被侵扰西藏的准噶尔部蒙古兵所毁，后来由颇罗鼐资助修复。

三、噶陀寺。该寺在宁玛派寺院中建寺最早，是在12世纪时由帕竹噶举教派的始祖多吉杰布的姨表弟、濯浦巴的再传弟子伽当巴·德谢喜巴（1127—？年），在今四川省甘孜藏族自治州白玉县城以北40里的地方修建。该寺以传授“南藏”为主，附带传授“三素尔”以来传承的宁玛派经典。这个寺受历代德格土司的支持，寺主以转世的形式世代相承。该寺是康区历史悠久、较有声望的一个寺院，有不少人到这里来朝山学经。在民主改革前，该寺是白玉县境内最富有的寺院。

四、佐钦寺。17世纪晚期，当时的德格土司阿旺扎西，为欢迎五世达赖的弟子白玛仁增（1625—1697年）的到来，于1684年在德格地区创建该寺，地址在德格东北不远。该寺后来成为宁玛派在康区最著名的一座寺院，其声望甚至要超过多吉扎寺和敏珠林寺。国内以及尼泊尔、不丹等地的宁玛派僧人，往往到佐钦寺来求学。该寺还为国外来的留学僧人设有专门的基金。佐钦寺僧人的学经制度，可能是受了格鲁派的影响，以十三部显宗经典为必读的教科书。此外，隆钦饶绛巴和钦孜沃色（18世纪时人）所著的宁玛派经籍，也是学习的项目。佐钦寺寺主采用转世的形式相承，第一世佐钦活佛就是白玛仁增。佐钦寺还有一百多座属寺，遍布阿坝、玉树、甘孜等藏族自治州。

和佐钦寺有关联的一座寺叫西钦寺，是18世纪中叶由佐钦寺的一个僧人西钦饶绛巴在佐钦寺以东不远的地方修建的。它比佐钦寺规模小，但不是佐钦寺的属寺。

五、白玉寺。该寺大约建于17世纪，地在白玉县城附近，创建人名叫仁增衮桑喜饶。该寺与噶举教派的帕竹、噶玛支系关系密切，因为它所传的教法是以宁玛派的教法和帕竹噶举的玛仓小支系的教法合流而成的，而白玉寺的活佛白玛诺布（又名噶玛阳赛）的历代转世都要到德格县的噶玛噶举寺院八蚌寺去受戒。白玉寺有将近一百座属寺，分布在青海的果洛，四川的阿坝、甘孜，西藏昌都的江达等地。

以上所说的噶陀、佐钦、西钦、白玉、八蚌等五个寺院，都在德格土司的辖区之内，世代受德格土司的支持。对这五个寺的寺主，德格土司都以师礼相待。由此可见康区的统治阶级对佛教的利用和扶植也是十分用心的。

此外，还有桑耶寺。这是公元8世纪末叶由寂护和莲花生设计建造的西藏第一座正规的佛教寺院，又是最早传授宁玛派密法的一座寺院。在理论上它应属于宁玛派，不过因几次遭火灾而焚毁。有一次火灾之后，由萨迦派派人修整恢复，从那以后，桑耶寺的寺政权力有一大部分归萨迦派掌握，只有护法神殿归宁玛派僧人掌管。桑耶寺中的宁玛派僧人的首领，后来一直受到原西藏地方政府的重视，每逢发生大的政治事件，西藏地方政府都要请他去做祈祷，以求消灾免祸。

宁玛派的教义颇为庞杂纷乱，其中还有许多与本教类似的东西，难以一一详述。现仅对其主要者，即所谓“九乘”与“大圆满法”作简略的介绍：

宁玛派所说的“九乘”，一共包括：一、声闻乘；二、缘觉乘；三、菩萨乘；四、作密；五、行密；六、瑜伽密；七、大瑜伽密；八、无比瑜伽密；九、无上瑜伽密。

这九乘当中的一、二、三乘概括了显宗各派，宁玛派称这三乘为“共三乘”，意思是说无论显宗、密宗都要修习，是它们共有的内容。

九乘中的四、五、六乘，宁玛派称为“外密乘”或“无上外三乘”。相当于其他藏传佛教教派对密法分为四部中的前三部：作部、行部、瑜伽部。

第七、八、九三乘，宁玛派称为“内密乘”或“无上内三乘”。相当于其他藏传佛教教派对密法分为四部中的第四部：无上瑜伽部。

第七、第八乘在“三素尔”所传授的教法内容中相当于幻化部和集经部。第九乘无上瑜伽密又分心部、自在部、教授部，这就是宁玛派的人所说的“三部”。这三部在历史上各有各的传承，但后来又都包括在“大圆满法”里，又以教授部为中心思想。在思想上与内地禅宗的“明心见性”“直认本真”等说法很相似，有一些顿悟派的色彩，这是藏传佛教受内地佛教影响的表现。

宁玛派的大圆满法，主张人的心体就其本质而言是纯净的，是“远离尘垢”的。修习的问题在于如何将这个远离尘垢的心体把握好。宁玛派认为要把握好自己的心体，就应该采取听其自然的做法，让这个心随意而住。如果能够做到在“空虚明净”当中把心安住于一境，那就是修习大圆满的成果。

任何大乘佛教的派别，都讲境、行、果。简言之，境，是对宇宙万物本体的认识；行，是作为；果，是从行而得到的结果。对于境，宁玛派认为，这个本体既非世间之心所能了解，也不是超世间的心所能了解。这个本体是洁净的、永恒的，是不会被尘垢污染的。而一切法，都是从这个本体派生出来的，没有这个本体，也就没有世间万物。对于境有这样的认识，然后应该如何去行呢？宁玛派认为主要应该按大圆满法去修习、去行动。他们并且说，如果按大圆满法去修习，就能摆脱各种迷惑的思想，摆脱各种欲望和心意，也就会变得干干净净，这样，大圆满法的成果就得到了。

宁玛派寺院里的神像，千奇百怪，数目繁多，其中主要的、也是各寺院共同供奉的有八种：

一、文殊代表身；

二、莲花代表语；

三、真实代表意；

四、甘露代表功德；

五、金刚橛代表事业；

六、差遣非人；

七、猛咒诅詈；

八、供赞世神。

前五种称为“出世五部”。所谓出世，是指出世间，也就是所谓修道成佛时所用的本尊。比如一个人要修道成佛，就要把自己的身、语、意、功德、事业修成佛的身、语、意、功德、事业，修哪一部分，就用代表哪一部分的本尊神像。

后三种称为“世间三部”，实际上这三种是从本教学来的。例如“非人”就是本教里的一尊凶神，宁玛派的人对此并不否认。

对宁玛派，我们还应注意到现代它在欧洲传播的情况。有一个19世纪末叶出生在康区的宁玛派甘珠尔活佛，在印度大吉岭创建了一座宁玛派的寺院，叫乌金贡桑却林，他一直住在那里传法，直到1975年死去。到乌金贡桑却林学法的人有国内外各地的宁玛派信徒（西藏、康区、印度、尼泊尔及西方一些国家），其中有一个比利时人拜甘珠尔活佛为师，取法名为贡桑却吉多吉。1973年，他经甘珠尔活佛批准在比利时首都布鲁塞尔附近创建了宁玛派在欧洲的第一座寺院，也叫作乌金贡桑却林。随后在希腊首都雅典也建成了乌金贡桑却林，自此宁玛派在欧洲有了传播和活动的基地。

宁玛派在欧洲开展活动，极力适应西方社会的环境，采用将宁玛派的传统教法紧扣欧洲资产阶级社会现阶段弊病的方法来进行说教。他们宣传用寂静极乐来帮助世人从痛苦中解脱出来，宣传用宁玛派的瑜伽禅定来认识人的能量，并用智慧来运用这个能量，以超越周围环境顺逆的变迁，不被苦乐所困扰，求得解脱的结果，等等。宁玛派的这一套新概念，对于充满堕落、暴力、混乱、疾病、噪声污染等弊病的西方社会，无疑是一种新鲜的麻醉剂。宁玛派能够在欧洲传播，是西方资本主义社会中人们思想空虚、迷惘的结果。另外，宁玛派还把具有东方色彩的按摩术、食物调配法等向西方人传授。

宁玛派在欧洲也吸收了一些西方的东西，发生了一定的变化，例如运用西方的催眠术使人进入禅定，在使用图像方面，也明显地沾染了西方绘画的色彩。对于要求学密法的人，也不再严格挑选，也不采用秘密单传的方式。关于宁玛派在欧洲活动的规模，据说从1973年起，每年夏季贡桑却吉多吉和他的门徒都要接受数百名从各国来学习的学生，希腊的乌金贡桑却林寺也有类似的活动。

后来，由贡桑却吉多吉的门徒在法国南部的卡斯特朗市也建立了一座乌金贡桑却林寺，占地面积达120公顷。该寺地处河谷，建筑都仿照西藏式样，有城堡、经幡，还有一座西藏式的水磨，可以为寺院加工一部分粮食。每年夏季,也有数百名学生从各国到这里来学习宁玛派的密法。

为了扩大宁玛派的影响，他们还请了大吉岭的乌金贡桑却林的活佛和不丹的宁玛派的活佛到欧洲去进行宗教活动，并以比利时为中心，出版一些书籍、资料、定期刊物等。最后,关于宁玛派还有两点需要说明的：一是因为宁玛派僧人重密轻显，一般僧人也无正规的学经制度，他们既从事劳动，又娶妻生子，从不脱离生产来看，是件好事，但也因此而使宁玛派一直没有形成为一个强大的寺院集团势力；二是由于宁玛派僧人习惯于戴红色僧帽，所以一般人又习惯于把宁玛派称为红教。

（二）噶当派

早期的历史——教典派（怯喀寺、基布寺系统，纳塘寺系统）——教授派（京俄巴系统，内邬素巴系统）——关于桑浦寺的情况——教义浅释（显密经论、《菩提道炬论》、三士道和六度）——影响和作用除宁玛派（旧派）外，在“后弘期”中新出现的藏传佛教各教派中，噶当派是时间最早的一个。

先解释噶当派的名称。“噶”是佛语的意思，根据佛教的说法，佛的一切教诲都是通过语言表达出来的，因此佛语就是佛的言教。“当”，字面直译是教诫、教授，也就是对学佛的僧人的行为持守、修习学法的指导和指示。把这两个字连起来，意思就是把佛的一切言教（显密经论）都看作是对于学佛僧人从日常行为到修法成佛的全过程的指示和教导。这种提法是从阿底峡开始的，溯本求源，噶当派源于阿底峡，但是噶当派的正式创始人是阿底峡的弟子仲敦巴。

仲敦巴（1005—1064年），出生在堆垅（今堆隆德庆县）地方一个富豪人家，幼年在许（今朗县）地方学习藏文，后来迁居到康区去，在半路上遇到赛尊，当时赛尊正要到尼泊尔去，于是仲敦巴就在路上拜他为师。等到赛尊从尼泊尔回到康区后，仲敦巴对他勤谨侍奉，为他干包括农牧业生产在内的各种劳动，还努力地向他学习佛教。后来听说阿底峡到了阿里，仲敦巴表示要去阿里向阿底峡学习，赛尊也很同意，并为他准备牲口、行李、书籍等，送他上路。仲敦巴走到拉萨附近的盆域，遇到卢梅十人中的两个人的弟子噶哇·释迦旺秋。仲敦巴告诉他，自己要去阿里请阿底峡。两人商量好，如果阿底峡接受邀请愿意到卫藏来，就由仲敦巴写信回来，请噶哇和卫藏各地方领袖人物商量，共同迎请阿底峡。

1045年初，仲敦巴到达布让，遇到正准备经尼泊尔返回印度去的阿底峡。仲敦巴向他介绍了拉萨、山南等地区包括桑耶寺在内的各大寺院的情况，并且说那里的数千名僧人都迫切希望阿底峡前去指导他们。

于是阿底峡改变了返回印度的打算，决心本着佛教徒弘扬佛法的心愿，应邀前往拉萨。仲敦巴立即写信给噶哇，噶哇把这一消息告诉了卢梅的四柱弟子之一尚那囊多吉旺秋（当时他正住持杰拉康寺）及其他有关的人，并且和卫藏各地方势力共同商议，派出代表去欢迎阿底峡。前去欢迎的代表与阿底峡、仲敦巴一行在后藏的贝塘地方相会，然后一同沿着雅鲁藏布江经过后藏来到拉萨。

阿底峡在卫藏地区进行传教活动一共达九年之久（1045—1054 年）。在这期间他先后到过桑耶、拉萨的叶尔巴、盆域、聂当等地方和寺院，跟他学习佛法的人很多，其中著名的有枯敦·尊追雍仲、俄·雷必喜饶及仲敦巴等人，而以仲敦巴追随阿底峡的时间最长，从 1045 年迎请阿底峡直至 1054 年阿底峡在聂当去世，他一直跟阿底峡在一起，在阿底峡诸弟子中以他年岁最长，所学最多，是个大师兄的地位。

1055 年，仲敦巴在聂当主持了悼念阿底峡的仪式，并且在那里建立了一座寺院。这以后他回家乡了一次。不久，藏北当雄一带的地方头人们集会，派人请仲敦巴到热振地方去传教。1056 年初，仲敦巴到达热振，在那里建立了一座热振寺，噶当派就是以热振寺为根本寺院逐步发展起来的。

仲敦巴一生没有受过比丘戒，只能算是一个居士，但他在建立热振寺以后，直到 1064 年他去世为止的八九年当中，一直以讲经授徒为业，常住在热振寺向他学经的僧人有五六十人。仲敦巴死后，由阿底峡的另一个弟子南交钦波（1015—1078 年）任热振寺的堪布。南交钦波在任期间对热振寺进行了扩建。再后由阿底峡的另一弟子衮巴哇（1016—1082 年）继任堪布。衮巴哇死后，有几年热振寺没有堪布，以后才由仲敦巴的弟子博多哇继任堪布。

在仲敦巴的弟子当中最著名的有三人：一个是博多哇·仁青赛（1031—1105 年），一个是京俄巴·楚臣拔（1038—1103 年），一个是普穷哇·宣奴坚赞（1031—1106 年）。这三个人中，普穷哇不教学生，博多哇和京俄巴两人分别收徒传教，从这两个人发展成为噶当派的两个支派，即教典派和教授派。

由博多哇传出的一支称为教典派，意思是说这一支派在噶当派中比较重视佛教经典的学习。博多哇是仲敦巴晚年（1058 年）收下的一个弟子，在他担任热振寺的堪布以前，跟随在他左右的门徒已有一千多人。后来他因为和热振寺的其他当权者不和，就离开了热振寺，另外修建了一座博多寺，所以被称为博多哇。噶当派的名望和声势，是在博多哇讲经传教时期，才在卫藏地区大大发扬起来的。

在博多哇的门徒中，以朗日塘巴（1054—1123 年）和夏尔哇巴（1070—1141 年）二人最有影响。朗日塘巴本名多吉僧格，他很重视讲经传教，据说跟随在他左右的门徒有 2000 人之多。夏尔哇巴本名云丹扎，他也很重视讲经传教，在博多哇死后，他将其部分弟子收归自己代管。后来，追随他的弟子增加到 3600 人之多。继承夏尔哇巴的是他的两个门徒：一个叫甲·怯喀巴（1101—1175 年），一个叫董敦（1106—1166 年）。由他们两人，又分成了噶当派的教典派中的两个寺院系统：由甲·怯喀巴及其门徒传下来的是怯喀寺、基布寺系统；由董敦及其门徒传下来的是纳塘寺系统。

甲·怯喀巴本名意希多吉，甲是他的家族名，因他在拉萨附近的墨竹建立怯喀寺，并任该寺堪布，故有怯喀巴之称。他死之后，怯喀寺的堪布由赛·基布巴继任。赛·基布巴（1121—1189年）本名却吉坚赞，赛是他的家族名，因他于1164年前后建立了新怯喀寺即基布寺而得名赛·基布巴。在怯喀巴死后，他担任了这两个寺的堪布。

从1190年开始，继赛·基布巴担任怯喀和基布两个寺的堪布的是拉·隆格旺秋（1158—1232年）。他本名绛曲仁钦，出身于吐蕃王室朗达玛的儿子欧松一系的后裔雅隆觉卧家族，所以在他的名字前面加上一个"拉"字，这是藏传佛教中对王族出家的僧人的尊称。值得注意的是，自他开始，怯喀寺和基布寺的堪布都是由代表封建地方势力的雅隆觉卧家族的人担任。拉·隆格旺秋曾向1204年进藏的喀且班钦·释迦室利学过佛法。喀且班钦是印度那烂陀寺的最后一任寺主，他从印度带来的戒律是"说一切有部"的戒律，与上下两路弘法所传承的戒律都不相同，在藏传佛教史上占有较重要的地位。

继拉·隆格旺秋担任怯喀寺和基布寺的堪布的是他的侄子拉·卓微衮波（1186—1259年）。拉·卓微衮波本名绛曲沃。在他任堪布的时期（1233—1259年）所发生的一些事情，可以作为反映当时社会经济面貌的宝贵材料。例如，噶当派的历史上记载着他任堪布时的这样几件事：

博多哇修建的博多寺以及博多寺的一些属寺都献给了他，归他管理。

工布地方的以达巴、补曲、甲垅三座寺院为首的30座左右的寺庙，也委托他管理，塔布地方以喇达、甘门雪两座寺庙为首的一些庙及寺属农奴，也委托给他管理。后来在较长的一个时期里，由他指派这些寺庙的管家和属民的长官。

有一次涅地方的桑波且寺邀请他去主持一个大塔的开光仪式，这时桑波且寺的寺主把桑波且寺及该寺的属寺"奉献"给他，由他来掌管这些寺庙的钥匙。有一次他应邀去绒孜噶寺主持该寺的大灵堂的落成典礼，他又接受了该寺及其属寺的管理权。

这些材料里所说的“奉献”“委托”，其实是拉·卓微衮波凭借自己家族的政治经济实力，再加上宗教上的“名义”兼并了这些寺庙和它们的属民。另外，我们从这些材料里还可以看出，13 世纪初在噶当派中形成了一个与雅隆觉卧地方势力关系密切的寺院集团，这个集团的管辖范围很大，东西直线距离达 400 公里。

根据《青史》的记载，从拉·卓微衮波死后到 1377 年的怯喀寺和基布寺的四任堪布都是雅隆觉卧家族的人，看起来这一寺院集团一直都操纵在雅隆觉卧地方势力的手里。雅隆觉卧家族中有人和萨迦派的关系密切，因此在 13 世纪晚期的萨迦和止贡噶举的长期纷争中，噶当派的怯喀寺、基布寺系统有可能和萨迦派站在一条战线上反对止贡噶举。

夏尔哇巴的另一个门徒董敦，原名罗追扎巴。夏尔哇巴死后，他在纳塘地方讲经传教达 12 年之久。他聚集了一批僧人，在 1153 年创建了纳塘寺，以后发展成为纳塘寺系统，它以传承喀且班钦所传的律学而知名于藏传佛教界。在 13 世纪晚期，纳塘寺的一个名叫迥丹惹迟的僧人，曾把这个寺搜集到的大量藏译佛经编订为甘珠尔、丹珠尔，这是我们所见到的编纂藏文大藏经的最早记载。

除了上述的教典派以外，噶当派中另一个重要的支派是教授派。这一支派偏重师长的指点教授，注重实修。也分成两个系统：一个是京俄巴系统，一个是内邬素巴系统。

京俄巴本名楚臣拔，因他经常随侍在仲敦巴左右，故被称为京俄巴（意为眼前人）。他 20 岁时到热振寺拜仲敦巴为师，不仅学了一些秘密传授的佛法，而且学会了梵文，能进行翻译。他最重视的是三件事：念咒、供佛和静修，而这些也可以说是噶当派中教授派的显著特点。

在京俄巴的弟子中，最有影响的是甲域哇钦波（1075—1138 年）。他本名宣奴沃，因创建并常住甲域寺（在西藏隆子县东）而被尊称为甲域哇。他侍奉京俄巴十分恭敬，学到了京俄巴所传的教法和经论。他在甲域建寺后，有门徒 2000 多人，连噶举派的重要人物塔布拉杰也曾向他学习过佛法。

甲域哇的门徒中有两人比较有名：一个叫藏巴仁波且，一个叫冲协仁波且。藏巴仁波且在甲域哇死后担任洛寺（京俄巴所建）和甲域寺的堪布，冲协仁波且另建一岗岗寺，他们都传承京俄巴的教法。

内邬素巴（1042—1118 年）本名意希拔，出生于内邬素，是阿底峡的弟子、热振寺第三任堪布衮巴哇的门徒。据说他在佛家的“修定”和经典方面很有成就，而且还能替人看病，甚至治好过十几个僧人的麻风病，所以很有名望。

内邬素巴的弟子中以皆贡钦波和绛曲格哉比较有名。皆贡钦波建立了仁钦岗寺，绛曲格哉常住在一座叫达坚的寺庙，他们都以传授内邬素巴传下来的修持和密法为主。

以上这些形成了噶当派教授派中的两个系统（京俄巴、内邬素巴）、四个传承（甲域、岗岗、仁钦岗、达坚）。

桑浦寺在藏传佛教历史上占有一定的地位，这个寺院位于拉萨以南，聂当以东，以提倡因明、辩论而著名。许多藏文史籍把它归入噶当派的寺院，所以我们将这座寺院以及与之有关的宗教人物放在这里加以介绍。

桑浦寺是 1073 年由阿底峡的弟子俄·雷必喜饶建立的，最初叫作内邬托寺,后来改称桑浦寺。俄·雷必喜饶是11世纪时的人,生卒年不详,通常称他为大俄译师。他幼年跟从卢梅十人中的征·意希云丹出家,后来到康区向赛尊学法。1045年他与同学枯敦·尊追雍仲等人一起回到前藏,在拉萨附近建了一座扎纳寺,在那里讲经传教。阿底峡来到前藏后,他拜阿底峡为师,在阿底峡身边学法。虽然他与仲敦巴是师兄弟,但是他十分敬重仲敦巴,在建立桑浦寺后曾几次去热振寺向仲敦巴求教。他翻译和修订过多种有关因明的书籍,所以得到译师的称号。

俄·雷必喜饶死后,由他的侄子俄·罗丹喜饶(1059—1109年,即通称的小俄译师)继任桑浦寺的堪布。他18岁时与热译师和年译师一起到阿里去参加过孜德举办的“火龙年法会”,会后又到克什米尔一带去留学,达17年之久,约在35岁时返回西藏。他又曾到过尼泊尔,在那里作短期学习,学习密宗。他翻译了很多经典和有关因明的书籍,成为当时有名的译师。他在拉萨、桑耶一带讲经,有弟子两万三千多人。在佛教方面的成就,他超过了他的叔父大俄译师。后来还出现了他的转世系统,转世的寺院是昌都察雅的马贡寺。罗丹喜饶活佛是昌都地区著名的格鲁派活佛,这个活佛转世系统是何时建立的,我们还不清楚。

小俄译师的门徒中,以卓垅巴比较著名。卓垅巴原名罗追迥乃,曾为许多显密经论作过注疏,还根据阿底峡的《菩提道炬论》写成《道次第广论》和《教次第广论》。这两部书都是阐明噶当派的教义的,后来格鲁派创始人宗喀巴在这两部书的基础上写成了《菩提道次第广论》。

桑浦寺到恰巴却吉僧格(1109—1169年)担任第六任堪布时,就已经十分盛行讲授因明。恰巴却吉僧格还写了不少关于因明的著作,据说藏传佛教各教派的僧人采用辩论的方法学习经典,就是从恰巴却吉僧格时开始的。

在桑浦寺极盛时，有藏传佛教各教派的许多僧人前来学习。大小俄译师所传的因明被称为“新因明”，而原来由玛·雷必喜饶（即洛穷）所传的因明被称为“旧因明”。在大小译师之后，经过恰巴却吉僧格和他的弟子们的宣传，桑浦寺直到15世纪一直是西藏讲授因明的重要据点。此外，般若（以《现观庄严论》及其注疏为主）、中观（以《入中论》及其注疏为主）等学也多由桑浦寺传播发展。因此，桑浦寺不仅在显宗和因明方面对藏传佛教各教派发生过影响，而且在整个藏传佛教的发展史上都起过重要的作用。

恰巴却吉僧格之后，桑浦寺分为上下两院，在萨迦派掌握地方政权时，曾把该寺的几个扎仓收归萨迦派管辖。到15世纪格鲁派兴起后，桑浦寺也随其他噶当派寺院一起并入格鲁派寺院系统。

噶当派是以显宗的修习为主的，该派修习的经论有所谓“噶当六论”和“噶当七论”的说法。“噶当六论”是指《大乘经庄严论》《菩萨地》《集菩萨学论》《入菩提行论》《本生鬘论》《集法句经》等六部经论，“噶当七论”是在以上六部经论之外加上阿底峡的《菩提道炬论》。当然，噶当派僧人修习的经论并不止于这六论或七论，还有“慈氏五论”（即以《现观庄严论》为首的五部经论）和龙树的以《中论》为首的一些经论，也都是噶当派的僧人修习的内容。

噶当派虽以显宗为主，但也不排斥密宗，而是调和了显密二宗的关系。它强调修习次第，主张先学显宗后学密宗，并且强调密宗只能传授给经过考验的少数有“根器”的人，因此噶当派并不广传密宗。此外，噶当派还主张显密二宗不应当相互攻讦，而应当互相补充。

噶当派所传的密法，是以《真实摄经》一系的密法为主。这部《真实摄经》属于四部怛特罗中的第三部即瑜伽部，对这一部的解释仍然是以显宗的教义为基础的。在阿底峡的时候，四部怛特罗中的第四部即无上瑜伽部的一些内容，如胜乐、大威德、密集等，已经在印度盛行，并且逐步传到了西藏。无上瑜伽部，除了搞一些狰狞、恐怖的色彩之外，还有一些双身欢喜佛，描写男女性关系的内容，往往导致一些污秽的事情出现。因此，阿底峡在世时提倡遵循第三部怛特罗的《真实摄经》修密法。这样做既显示了噶当派和萨迦、噶举等派专门崇尚无上瑜伽部有所不同，又与宁玛派的密法中大量吸收本教的东西有着更大的差别。所以噶当派在藏传佛教中享有显密教法“纯净”的声誉。

为了比较清楚地了解噶当派的教义和教法,这里需要对阿底峡的《菩提道炬论》作一些必要的解释，因为噶当派来源于阿底峡，而阿底峡的宗教思想基本上都包括在他的这部名著之中。

阿底峡到达古格时，藏传佛教正从朗达玛禁佛所造成的佛教中衰中逐渐恢复起来，还没有一个公认的标准，学佛的人可以对佛教的修习方法加上自己的解释。在学法的僧人中有的重密轻显，认为从显宗学佛比登天还难，有的重显轻密，认为密宗所提倡的一套不一定是佛教的正统传承，里面一些杀生诲淫的内容都是佛教所反对的，因此形成了显宗和密宗的争论以至斗争。在修习的次第上也是各执己见，没有定规。阿底峡正是针对藏传佛教的这些情况,写了一本《菩提道炬论》奉献给绛曲沃，希望以此为准整顿当时在教义和修习上的混乱局面，可以说以后的噶当派的教法也基本上包括在这一部书中。

《菩提道炬论》一共七十七页，译成汉文约两千字。它把一个佛教徒从最初拜师学佛到最后修成佛果的整个过程中所应做的事情都详加罗列，让学习的人由浅入深，循序渐进，沿着他所说的阶梯逐步攀登。

按《菩提道炬论》的说法，人一共可以分成三类：一类叫作“下士”，这类人不希求解脱世间的痛苦，只求今生今世的“利乐”，佛教把这叫作“人天乘”；第二类叫作“中士”，这类人只追求个人解脱世间流转轮回之苦，并没有普度众生的想法，佛教上把这叫作“小乘”；第三类叫作“上士”，这类人不仅自求解脱，而且愿普度众生，佛教上把这叫作“大乘”。人既分三类，修习次第也分三道，即“下士道”、“中士道”和“上士道”，这三道合称为“三士道”。

“三士道”认为，一个人若想学佛，必须先访求名师，并且依照师长的指导，身体力行去修习，以免误入歧途，这是学佛法的一个先决条件，在具备了这个条件以后，才能从“下士道”依次做起。

“下士道”的内容是说，凡人皆有死，一到死的时候，人所有的名利、亲属、财产都不能带走，就连自己的身体也不能带走，因此修佛的人应该爱惜自己这难得的一生，必须努力学习佛法，以免死后堕入“三恶趣”之中痛苦难言。要自己发愿心，皈依佛、法、僧“三宝”，努力做“止恶修善”的事，以便积德积福，远离地狱之苦。用佛教徒的话来说，这就是“下士勤方便，恒求自身乐”。

一个人如按照“下士道”的指导原则努力地修习佛法，虽然在来生可以不受地狱、饿鬼、畜生等“三恶趣”的痛苦，在人、阿修罗、天等“三善趣”中投生，但这并不是绝对的乐，不是终极意义上的乐，只是与“三恶趣”相对比意义上的乐。而且假如自己的“下士道”操持得不好，还有可能堕入“三恶趣”的苦海之中。为了要超脱流转轮回之苦，就需要进一步遵循师长的指导，按照佛家规定的戒、定、慧“三学”，很好地进行修行，以求达到涅槃的境界。但是，这只是求得自身的解脱，还不能算是从根本上把苦灭掉，这就是“中士道”，用佛经上的话来说，即“中士求灭苦，非乐苦依故”。

“中士道”中所说的戒、定、慧“三学”是一切有情众生能够获得解脱的因，也就是说解脱是戒、定、慧“三学”的果，正如佛教所说，“欲得正果，须得正因”。戒、定、慧的次序是一定的，照佛教的比喻来讲，戒学好像一道墙或一架屏风，可以用来挡住风，使外在的危害力量无从构成威胁。而由于风被挡住，屋子里的空气平静下来，这就是由戒到定。只有在这样一个定的环境里，我们的智慧之光才能像蜡烛的光亮一样，燃烧得明亮透彻，毫无障碍，这就是所谓的慧学。

“中士道”是说一个人沿着戒、定、慧“三学”的道路求得解脱之果，登上涅槃。但是，即使取得这样的成果还不够，还应当下决心去普度众生。要普度众生，“三善趣”里的人、阿修罗、天以及菩萨都还不能做到，只有成了佛才行。有了普度众生的愿望，佛教上叫“发菩提心”。但是如果只是发菩提心而没有菩提行还不行，还需要得“无上佛道”，还需要实行“六度”，又叫作“六波罗蜜”。六度就是：布施、持戒、忍耐，这称为前三度，精进、静虑、智慧，这称为后三度。这样既可以度己，又能够度人，可以成佛，可以普度众生，可以永远离苦得乐。这就是“上士道”。用佛经的话来说，即“上士恒勤求，自苦他安乐，及他苦永灭，以他为己故”。

总起来说，“下士道”是要人们皈依佛、法、僧“三宝”，“中士道”是要人们持守戒、定、慧“三学”，上士道是要人们按“六度”的规定去做，以便成佛利益众生。

在《菩提道炬论》这部书的最后，又谈到密宗比显宗的地位要高，并且分别等次，划密宗经典为四部（作部、行部、瑜伽部、无上瑜伽部）。该书还以佛教徒的修习次第为纲领，系统地安排了佛教教学的主要内容，它把 11 世纪以前的所有佛书都安排到这个体系之中。当时藏传佛教还处在一个分散和杂乱无章的时期，于是这本书就成了当时唯一对佛教有系统论述的书。它一方面成为后来噶当派的思想基础，另一方面也在藏传佛教徒中确定了以实修为主的精神。

从 11 世纪到 12 世纪这 200 年，是西藏封建社会逐渐形成的过渡时期。在这期间，噶当派得到了一些地方割据势力的支持，获得了很大的发展，在藏传佛教各教派中以僧徒众多，寺院广布而著称。13 世纪中叶，受蒙古王室阔端派遣领兵进藏的将军多达那波在写给阔端汗的信中说“现在藏地以噶当派的寺院最多”，可见该派势力之盛。

噶当派中的怯喀寺、基布寺系统曾和雅隆觉卧地方割据势力结合在一起，形成了一个规模较大的寺院集团。但是噶当派整个教派并未去寻求掌管地方大权，甚至对后来萨迦派僧人掌政的情况还表示反对。看来噶当派似乎是注重从精神上、思想上去麻痹劳动人民，以此为封建统治阶级服务，它没有在抓世俗统治权力方面作出努力，这就注定了它以后的命运。

15 世纪黄教（格鲁派）兴起后，由于黄教是在噶当派教义的基础上发展起来的，所以当黄教获得发展后，原来属于噶当派的寺院都变成了黄教的寺院，噶当派也就不再单独地存在于西藏社会中了。

（三）萨迦派

早期的历史——和元朝的关系——在政治上的失势——衰落后宗教活动的恢复——著名的寺院——教义

萨迦派的创始人是贡却杰布（1034—1102年），他自称是吐蕃时期的贵族款（亦译作昆）氏家族的后代。赤松德赞时寂护剃度的“七觉士”当中的鲁亦旺布松就是款氏家族的人，但这种说法并不一定可靠。

严格地说来，萨迦派教法的创始人是卓弥·释迦意希，他的事迹前面已经讲过。他是由后藏拉堆地方势力派往印度学习佛法的，在印度学习多年，回西藏后修建了一座牛古垅寺，收徒传教，主要传授他在印度学到的一种密法——“道果”。

贡却杰布是卓弥的门徒之一，但他并非僧人，而是个在家的居士。他的家族原来都是信奉宁玛派的，他本人开初也是学宁玛派教法，后来才向卓弥学了“道果”教授。1073年，他在后藏仲曲河谷的萨迦地方修建了萨迦寺。萨迦在藏语中意为灰白色的土地，是根据当地土质的颜色而起的地名，后来地名作了寺名，也作了教派的名称。

从贡却杰布起萨迦寺的寺主就采取家族家传的办法。他死的时候，他儿子贡噶宁布（1092—1158年）年方十岁，于是将寺院暂时委托给巴日仁波且代为管理。贡噶宁布幼时曾向他父亲学过一些教法，但主要还是后来向巴日仁波且学法。另外他还从其他有关人士那里接受一些佛教的教育，甚至把卓弥没有传给他父亲而传给其他人的一些教法也学到了。可以说，贡噶宁布是把萨迦派真正发展起来，并使这个教派体系完整、势力扩大的第一个人。因此，萨迦派的人把贡噶宁布尊称为萨钦，把他算作萨迦五祖（萨迦派的五个重要祖师）的第一个，可见他的地位比他父亲还要重要。

贡噶宁布有四个儿子，大儿子贡噶拔到印度去学佛教，22 岁时在印度摩揭陀染瘟疫而死。二儿子索南孜摩（1142—1182 年）继承了他的法位，当了萨迦寺主，是萨迦的二祖。索南孜摩除了向他父亲学习萨迦教法外，还向噶当派的桑浦寺第六任堪布恰巴却吉僧格等人学过一些显密教法，这可能就埋伏着后来萨迦派管辖桑浦寺的几个扎仓的线索。贡噶宁布的三儿子叫扎巴坚赞（1147—1216 年），继承二哥索南孜摩的法位，是萨迦三祖。贡噶宁布的四儿子贝钦沃布（1150—1203 年）未出家，娶妻延嗣。长子跟随扎巴坚赞出家，并继承扎巴坚赞任萨迦寺寺主，这就是历史上著名的萨班·贡噶坚赞（1182—1251 年），是为萨迦四祖，也是萨迦派和元朝王室建立关系的第一个人。

萨班·贡噶坚赞 23 岁时随喀且班钦·释迦室利受比丘戒。因为他很有学问，人们尊称他为精通五明的“班智达”。以语言方面为例，萨班不仅懂梵文，还懂祝夏语（祝夏即唐代的勃律，在今克什米尔北部及新疆南部）。在佛学方面，他除了精通萨迦教法外，对其他教派如噶当派、希解派的教法也有比较深刻的理解。据说当时有一批以绰切噶瓦为首的印度人，他们并不是僧人，也不是佛教徒，要求和佛学知识渊博的萨班进行辩论。他们专程到西藏的吉隆和萨班辩论了十三天，最后这些印度人失败，都出了家，信奉了萨迦派。传说他们出家时剃掉的头发还保存在萨迦寺的钟楼上。在文学上，萨班也是很有名的，著名的《萨迦格言》就是他的作品。这是以藏族社会的封建伦理观念为标准而写出的一套处世格言，是一本流传很广的书，对于藏族文学形式的发展有重大的影响。

在内容上，这本书吸收了不少藏族劳动人民生活斗争的经验，有很多富于哲理性的名句，其中自然也有一些糟粕，在不苛求于古人的前提下，我们应该看到这本书在藏族文学史上的重要地位。

萨迦派发展到萨班时，已是西藏地区的一支重要力量。虽然它在寺院的绝对数字上比不上噶当派，但是它是“政教合一”的割据势力，直接控制当地政治、经济权力，因此它的实力在卫藏地区是数一数二的，这也是萨迦派和元朝建立联系的基础和前提条件。

萨班生活的年代正是蒙古族军事力量在中国北方崛起的时期（12至13世纪）。《蒙古源流》记载成吉思汗在领兵西征的途中，于1206年到过青海的柴达木，当时萨迦寺主是扎巴坚赞。成吉思汗曾写信给他，表示愿意皈依佛法，这在蒙藏关系史上可算是蒙藏统治阶级第一次对话的记录。当时西藏也派出了代表与蒙古军首领见面，不过当时蒙古军队还顾不上考虑向西藏进军的事情。

到1238至1239年间，成吉思汗之孙阔端领兵驻扎在凉州，他派大将多达那波领兵攻入西藏，一直打到藏北热振寺。多达那波在写信向阔端报告西藏的情况时说，萨迦教主萨班学富五明，声望很高，建议阔端请萨班到凉州去见面。这时蒙古族正在西征，很需要巩固后方，而且从成吉思汗时起，蒙古统治集团就有利用藏传佛教的想法。于是阔端采纳了多达那波的建议，在1244年写信邀请萨班到凉州去和他会面。1245年萨班派出他的两个侄子十岁的八思巴和六岁的恰那多吉先到凉州，有的人认为他们俩实际上是送去的人质，表示萨班自己随后就来，这只是一种猜测。

萨班在和卫藏地区各地方势力进行了广泛的接触以后，于1246年赶往凉州，但这时阔端到蒙古选立大汗去了，直到 1247 年阔端从蒙古回来，他们二人才在凉州见面。这是西藏宗教界领袖人物和蒙古王室成员建立直接联系的一个开端。据说萨班治好过阔端的病，阔端很信服萨班。他们经过具体的磋商之后，由萨班写了一封信给西藏各地方势力，劝说他们归顺蒙古，这封信载于《萨迦世系》中。应该说，从 13 世纪 40 年代起，西藏就已经归顺了蒙古，代表蒙古接受归顺的是蒙古大汗贵由汗的胞弟阔端，代表西藏各地方势力和蒙古洽谈归顺事宜的是萨迦派教主萨班。

萨班的侄子八思巴（1235—1280 年）是萨迦第五祖，他本名罗追坚赞,也是一个精通各种宗教知识的人。《西藏王臣史》中说他“幼而颖悟，长博闻思,学富五明,淹贯三藏”。1251 年,阔端汗和萨班先后死在凉州，八思巴继承了他伯父萨班的地位，成了萨迦派的教主，也成了这个教派，或者说是西藏地方势力和元朝建立联系的一个代表人物。

1256 年忽必烈南征云南大理,途经今四川省的甘孜、阿坝藏族地区。忽必烈对藏族地区采取的是两手策略：一手是打，对于不听命的地方势力实行征服；一手是拉，即利用和争取藏族宗教上层人物。忽必烈派人到凉州去召萨班到六盘山和他会见，因萨班当时已死，由八思巴代替前往六盘山会见忽必烈。同时，忽必烈发现康区一带信奉噶玛噶举派的人很多，于是又召见了噶玛噶举派的领袖人物噶玛拔希。但是在会见之后忽必烈选中了八思巴，有人说这是因为八思巴年轻、谦虚、诚实，才得到忽必烈的宠爱。但是更重要的原因是噶玛拔希在会见忽必烈后，又转去投奔当时的蒙古大汗，忽必烈的哥哥蒙哥汗，所以后来忽必烈继承大汗位后，噶玛拔希不仅不得宠，反而受到追究。

八思巴在见忽必烈后，一直追随忽必烈左右。1260 年忽必烈当了蒙古大汗，立即封八思巴为国师，赐玉印。1264 年忽必烈迁都北京，同一年在中央政权设置总制院，掌管全国佛教和藏族地区事务，又命八思巴以国师的身份兼管总制院事。1265 年八思巴回萨迦寺去，1268 年他奉忽必烈之命创制一种“蒙古新字”,即八思巴蒙文。完成后回北京进献，忽必烈一面命令在全国范围内推行这种新字，用以译写一切文字，一面加封八思巴为帝师、大宝法王。以后大宝法王成为元、明两代对藏传佛教领袖人物的最高封号。1276 年八思巴返回萨迦寺，1280 年去世。

八思巴在元朝朝廷中享有很崇高的地位。忽必烈对他的意见经常是听从的，据说八思巴要求免除西藏寺院对国家负担的捐税和差役，得到了忽必烈的允许，他还要求元朝派出的驿使不要住在沿途的寺院里，也同样获得了允许，这些寺院特权以后一直继续了下来。不过有一点需要说明，当时的情况并不像某些宗教史籍所说，是元朝把西藏十三万户封赐给八思巴，作为对他的“供养”。八思巴实际上只是元朝中央政权的一个高级官员，萨迦是元朝在西藏划分的十三个万户之一，其他十二个万户并不是从属于萨迦的，只是因为萨迦是元朝扶植起来的各地方势力的头头，他们才承认萨迦的地位在他们之上，一旦元朝顾不上西藏的事务，他们就要和萨迦分庭抗礼，自行其是了。同时八思巴也并不是元朝分封的西藏或全国藏区的领主，因为西藏作为一块封建领地是封给忽必烈的第七个儿子平西王奥鲁赤及其子孙（后封镇西武靖王）的。有些人无视历史事实，硬把八思巴说成是“教主兼国王”，这种说法是站不住脚的。

八思巴继承了萨班的事业，他一生的活动进一步巩固了西藏和祖国中央政权的关系，而且推动了藏蒙、藏汉民族之间的文化交流，这是有积极作用的，是值得肯定的。

萨迦派能达到盛极一时的地步主要是由于元朝中央政权的支持，所以它的兴衰是和元朝势力的强弱紧密相联的。元朝中期以后，蒙古皇室的统治力量衰落了，萨迦派在西藏的声势地位也很快跌落下来，最后在元朝末年被帕竹地方政权取而代之。

大约在14世纪前半期，萨迦款氏家族分裂成了细脱、拉康、仁钦岗、都却四个喇章。萨迦在政治上失势后，仍然偏安一隅，成为萨迦地方的小土司，被人称为萨迦贡玛或萨迦达钦。萨迦派在宗教上还是有一定影响的，明朝时所封的大乘法王、赞善王、辅教王等都是萨迦教派的人，只不过在政治上是衰落下去了。

萨迦法王的继承是采取娶妻生子的办法，它的继承制度也很特别。由于在14世纪前半期分裂的四个喇章中的三支后来都绝了嗣，只剩下都却喇章一支，而这一支又分成两房:一房叫彭措颇章，一房叫卓玛颇章。所以，萨迦法王就分别由这两房中的长子轮流担任。到西藏民主改革前，萨迦小土司的势力虽仅限于十二三个庄园，但是“百足之虫死而不僵”，排场还是很不小，法王下面设有僧俗官系统，还有一位管事大臣。萨迦法王和世俗人并没有什么区别，可以说就是披着宗教外衣的封建农奴主。

萨迦派在政治上失势以后，从14世纪后半期起僧人们逐渐恢复宗教生活，使得该教派得以维持下来。在显宗方面，萨迦派有两个系统：

一个是雅处·桑吉贝、绒敦·玛微僧格（1367—1449年）、饶绛巴·桑吉培系统，这是师徒相承的三个人。雅处的生卒年不详，主要活动年代约在14世纪末到15世纪初，他在萨迦寺和泽当寺学过经，后来在萨迦寺讲经传教。绒敦是雅处的弟子，是四川金川一带的人。他出身于一个信仰本教的家庭，18岁以前一直学习本教，可见在14世纪末叶时阿坝地区本教还是很盛行的。绒敦18岁到桑浦寺学显宗，27岁时才向雅处学习萨迦派的显宗教法，又向曾被明朝封为大乘法王的贡噶扎西（昆泽思巴）学习萨迦派的密法。后来他还在盆域地方建立了一座那烂陀寺。这时宗喀巴创建的格鲁派已经盛行起来了，绒敦对宗喀巴的经论曾提出过反对的意见，但是他的弟子和再传弟子有不少人改信了格鲁派。饶绛巴是绒敦的弟子，因他通晓很多经论，所以被人尊称为“饶绛巴”（意为博士）。他在1449年创建了哲域结蔡寺（估计在今锡金），以后由这个寺发展出五个支寺，是晚期萨迦派重要的讲经寺院。

另一个系统是仁达哇·宣奴罗追（1349—1412年）的系统。仁达哇是14世纪后半期萨迦派中比较著名的僧人，生于仁达地方（在萨迦和拉孜之间）。在藏传佛教史上，他是布顿·仁钦珠（1290—1364年）和宗喀巴（1357—1419年）之间的一个重要人物。仁达哇的重要性在于：为藏传佛教各教派所重视的印僧月称所传应成中观论的唯心论哲学，在他以前的一段时期几乎在西藏失传，由于他的努力宣扬，后来才在藏传佛教界居于重要地位。另外，仁达哇是宗喀巴在显宗方面的主要老师，宗喀巴的两个最著名的门徒贾曹杰和克主杰起初也是仁达哇的弟子，后来才转到宗喀巴门下。

在密宗方面萨迦派出现的三个支派是俄尔、贡噶、擦尔三派。俄尔派由俄尔钦·贡噶桑波（1382—1456年）创立。他是在萨迦生长、学习的，曾做过萨迦寺的堪布，相传各地来从他受戒的人有一万两千多人。1429年他48岁时创建了艾旺曲丹寺。该寺建在纳塘和夏鲁之间的俄尔地方，通称俄尔寺，成为晚期萨迦派在后藏的重要密教传播场所。贡噶支派的创始人是图敦·贡噶南杰（1432—1469 年），他于 1464 年在山南贡噶以东，建立一座多吉丹寺，此寺逐渐成为在前藏传播萨迦密法的重要场所。擦尔支派的创始人是擦尔钦·罗赛嘉措（1496—1566 年），他先在扎什伦布寺为僧，后改学萨迦的俄尔和贡噶两支派及此二派没有传过的密法。五世达赖也曾向擦尔钦·罗赛嘉措的后辈门徒学法。擦尔钦常住的寺院是萨迦以西拉孜以南的图丹根培寺，他的弟子也很众多。

萨迦派兴盛时，在蒙古、汉地、康区、安多及卫藏各地都有寺院。萨迦派衰落后，在外地的寺院也相继衰落，有一些就不存在了，只有著名的四川德格贡钦寺（本名伦珠顶寺）继续存在了下来。

贡钦寺位于德格城区附近，相传是第四十一代德格土司坚巴彭措时建成的，德格地区的“政教合一”和这座寺院有直接联系。德格土司的长子向例任贡钦寺寺主，次子继承土司位，政教大权世世代代由德格土司掌握。由于采用这种家族世代相传的方式，所以贡钦寺没有活佛。民主改革前该寺有僧人 630 多名。另外，该寺的印经院名气很大。它建于 1550 年，世代由德格土司和贡钦寺直接管辖，到民主改革时约保存有藏传佛教各教派的经书 1000 多种，经版 18 万多块。该院设备齐全，管理制度较有系统。虽然事务繁多，却只有 35 名管理人员，仍然事事井然有序。民主改革前，德格印经院每年印经几百部，收入约一万五千元，其中 10%交德格土司，30%作为维修建筑和购买一些与生产有关的物品，60%分发给刻版工人和印经工人作为工资。

萨迦派的教义中，最独特的就是“道果”法，但是对于“道果”的解释，则有几种不同的说法。这里，我们根据龙树一派的说法，略作介绍。

据说修萨迦派的教法有三个次第，用佛经式的韵体文来说，就是“最初舍非福，中断于我执，后除一切见，知此为智者”。

“最初舍非福”的意思是，一个人应当想到他今生能投胎为人，而没有堕入地狱、饿鬼、畜生“三恶趣”中去，是由于前世积善修得来的，是不容易的事情。要珍惜这个结果，就要勉励自己，防止做坏事。坏事在佛家来讲，就是“非福恶业”，人应该把“非福”舍掉不做，而专心致志于行善做好事，起码可以指望来世投生在天、阿修罗、人“三善趣”之中，这就是“最初舍非福”。

认识了“最初舍非福”的道理，能够努力做止恶修善的事，下世可以转生到“三善趣”之中，这固然是好事，但仍然没有脱离苦恼，没有超脱轮回。要想完全脱离苦恼和流转轮回，那就必须断除“我执”，所谓“我执”就是人们的思想牵挂于某件有形无形的事物之上。如果能把一切有形或无形的事物，从思想上断除掉，即是断除“我执”了。

一个人用什么样的办法才能断除“我执”呢？首先应该想道：我们的身体不过是众缘凑合而成，并非什么实有，假如没有父母的因缘巧合，自己的身体是不会存在的。人是如此，世间万物也是如此，所以宇宙间的万物都不是实有。能悟透这个道理，用佛家的话来讲就是由“无我空慧”来断除“我执”了。把“我执’一断除，烦恼苦痛就都无从生起，也就是从流转轮回的痛苦中解脱出来了，这就是“中断于我执”的解法。也就是把世间的一切都看穿看透，以便断除任何欲念，并靠着断除欲念来解脱痛苦。

那么，什么是“后除一切见”呢？当一个人有了“诸法无我”的看法（佛家称为“正见”）之后，假如他认为“宇宙万物皆非实有”，那他就犯了“断见”的毛病，因为当他确认这句话是真实的时候，这句话本身就变成是实有了，又怎么能说“宇宙万物皆非实有”呢？须知“皆非实有”的意思是说一切的“有”都是由于众缘凑合而成为“有”的，所以是“非实有”。因此，不能抓住“宇宙万物皆非实有”这句话去片面地解释。应该认为自然的、独立的“实有”固然是不存在的，但是由于因缘凑合而成的“有”还是存在的，说它不是“实有”，是从它的终极意义而言的。一个人如果只抓住“一切实无”“一切皆非实有”的话语去认识世界，那就是犯了“断”的毛病，而这按佛家的说法是很危险的，因为一个人如果没有断除“我执”，固然断除不了烦恼、脱离不了轮回，但是只要他相信有因果报应生死轮回，他还可以想到不做恶事，以求得到来生的幸福。可是只知抓住“一切实无”的那些犯了“断见”的人，就会认为生无由来，死无去处；因果也是无，善恶也是无，引申开去，他就可以不做善事，尽做恶事，这岂不是比没有断除“我执”的人更危险吗？

“断”的对立面是“常”，“断”可以理解为武断，“常”可以理解为平常。持“断见”有危险，持“常见”，即和平常人一般见解也不足取。佛家既反对“断”，也反对“常”，用他们的话来说就是“不落断常两边，方为无执之中道”，这倒和儒家的中庸之道有些近似。总起来说，一个人在断除“我执”以后，还必须防止“断见”，又要防止“常见”，要走中道，这就是“后除一切见，知此为智者”的意思。

在佛教哲学中谈到对“宇宙真谛”的认识论时，有两个常用的名词，一个是“世俗谛”，一个是“胜义谛”，二者合起来就是大乘佛教里讲的“境”。这二谛并不是有高低之分，而是对同一件事物从两方面去理解。“世俗谛”，照佛教的解释就是“名义量所缘之境”，其体性为“名义量所缘之一切有为法”。讲通俗一些，世俗谛就是按照一般世俗的看法来认识宇宙真谛，也即是从相对意义上看待宇宙间的一切事物，比如我们眼所能见的一个茶杯，一把椅子等等都是从“世俗谛”的相对意义而言的。“胜义谛”，照佛教的说法就是“胜义量所缘之境”，其体性是“现见真实义圣智所缘之一切无为法”，就是用超乎世俗见地以上的一种见地来认识宇宙真谛，也就是从绝对的意义上看待宇宙间的一切事物。例如，在“世俗谛”里的一把椅子、一间教室，到了“胜义谛”里，椅子、教室都是由树木、钉子、砖头、水泥，还有人工等一些因缘凑合而来的。而树木又是从种子、泥土、水分、肥料、阳光等因缘凑合而来的。钉子也可以这样追下去。追到后来，世间万物，没有一件不是各种因缘凑合而成的，这就是从终极的、绝对的意义上的看法。

萨迦派虽然是一个教派，但是它的一些代表人物对“境之二谛”的认识也并不一致。萨班是“自续中观”的观点，仁达哇·宣奴罗追则是“应成中观”的观点，还有一些人根本不是中观论，而是唯识论。“自续中观”认为“世俗谛”有，“胜义谛”无，即一把椅子从相对意义上看是存在的、实有的，但从终极或绝对的意义上看是没有的、是空的，说它有，即承认相对的有，是为着使人容易理解。这一派着重说的还是“诸法皆空’，之所以暂时地在“世俗谛”许为实有，关键是限于世俗人的水平。但是在“胜义谛”上，它就要强调“诸法皆空”，“宇宙万物皆非实有”了。“应成中观”则认为“世俗谛”无（但因果作用不失），“胜义谛”无，这更是“诸法无我”，全部都是空无自性的。只是在“世俗谛”上，虽然说它无，但因果关系不失，免得人们认为什么东西都是空的，而不去区别善恶。其实承认因果关系不失，还是等于承认“世俗谛”暂时的“有”，不过是变换一个说法而已。

唯识论的观点恰好相反，他们主张“世俗谛”无，“胜义谛”有。例如一把椅子，他们说即使从相对意义上来讲，也应当把它看作是不存在的，这是把对“诸法无我”“一切皆空”的认识提高了标准来说的。但是到了“胜义谛”，一把椅子从绝对的意义上看，本来应该是无，可是从“一切法空”“诸法无我”的绝对意义上看，又是实有的。换言之，承认“一切法空”本身就是一种实有，不能连“一切法空”都说成是没有的。

萨迦派在“境之二谛”的认识上，早期可以说是各派都有，但是后期以唯识论为主。他们的看法多表现在认为一切外境都是空的，都不过是内心的一种显现罢了（这是意识决定存在论），而且连这个内心也是空的，犹如幻觉一样。这种外境是无，内心有显现的说法，都是典型的唯心主义哲学观点，也是很接近唯识论的。

最后，也有很多人称萨迦派为“花教”，据说这是因为萨迦派寺院的围墙上涂有红、白、蓝三色条纹的缘故。

（四）噶举派

派名简说——香巴噶举和塔布噶举——玛尔巴、米拉日巴和塔布拉杰——噶玛噶举（黑帽系、红帽系、其他小系）——蔡巴噶举——拔戎噶举——帕竹噶举——帕竹噶举的小支系（止贡巴、达垅巴、主巴、雅桑巴、绰浦巴、修赛巴、叶巴、玛仓巴）——噶举派教义浅释

噶举派，顾名思义，它是一个注重口传的教派。“噶”的本意是佛语，

也可以体会为师长的言教，“举”意为传承，合起来译为“口传”。这是因为，噶举派所学的东西都是用师长的言语亲自传授，再由门徒继承下来的。噶举派注重密法的修炼学习，而这些密法的修习，又必须通过口耳相传，这就是派名的由来。

另外，也有人把“噶”解释成白色，把“噶举”译成“白传”。理由是这一派的创始人玛尔巴、米拉日巴等人，在修法时都穿白颜色的僧裙，这是从印度学来的习惯。以后凡是修噶举派教法的人，都要穿白色僧裙。据此，又有人把噶举派称为白教。

噶举派虽然支派繁多，但从最初算起，不过是两大传承，或称为两个系统：一个是从琼波南交巴（1086 或 976—？年）开始的，叫作香巴噶举系统；另一个是从玛尔巴（1012—1097 年）传下来的，叫作塔布噶举系统。这两个传承的密法，都来源于印度，它们在印度的传承同源，所以把它们都叫作噶举巴。但是传到西藏以后，由于传播的地区不同，彼此的规模、声势相差悬殊。香巴噶举到 14、15 世纪已经衰落，塔布噶举中的一些支系则一直流传到现代。因此，一提到噶举派，基本上都是指塔布噶举，而在历史上，则不能忽略香巴噶举的地位。

香巴噶举的创始人是琼波南交巴。他 10 岁时学习梵文和密法，以后又直接到印度去学习。据说他曾七次去印度学法，从印度回到西藏后，他才正式跟随噶当派著名僧人朗日塘巴出家，受比丘戒。但是他的主要教法还是从印度学来的密法，是口传心受的那一套教授法，所以和噶当派不同，属于噶举派。后来他在盆域建寺，以后又用三年时间在香地（今南木林县）建立了一百零八座寺院，收了很多门徒。因这一派在“香”地方有很大的势力，所以被称为香巴噶举。

琼波南交巴的后辈又建立了甲寺和桑定寺形成香巴噶举的两个支派。甲寺的情况不详，有人说“甲”在藏文中可能指今西藏谢通门县。甲寺是否确实在谢通门县，尚待考查。桑定寺在拉萨到江孜之间的浪卡子县，寺僧都是男人，唯独住持是个女活佛，名为多吉帕姆，是西藏唯一的女活佛，地位很高。1959 年多吉帕姆被裹胁到印度，后经苏联回国，任西藏自治区政协副主席。

15 世纪时，以修建铁索桥闻名的汤东杰布（1385—1464 年），是个香巴噶举派的僧人。他本名尊追桑布，是岗岗寺附近的人。相传他以藏戏作为募捐手段，利用募款修建了一百多座铁索桥。过去唱藏戏的剧团，都把他当作祖师供奉。西藏的一些寺院里也有汤东杰布的画像或塑像，特征是一个白须白眉的老人，手持几节铁索。

据说宗喀巴和他的门徒克主杰也曾向香巴噶举派的僧人学习过，但以后香巴噶举就不怎么听说了。

塔布噶举的派系很复杂，有“四大八小”的说法，“四大”是指从塔布噶举分出四个大支系，八“小”是指从塔布噶举中的帕竹噶举大支系又分出八个小支系（见噶举派简表）。

- 噶举派
  - 香巴噶举
  - 塔布噶举
    - 帕竹噶举
      - 止贡巴
      - 达垅巴
      - 主巴
      - 雅桑巴
      - 绰浦巴
      - 修赛巴
      - 叶 巴
      - 玛仓巴
    - 蔡巴噶举
    - 拔戎噶举
    - 噶玛噶举

（噶举派简表）

塔布噶举虽然是塔布拉杰创始的，但是这个系统却渊源于玛尔巴、米拉日巴师徒。

玛尔巴（1012—1097年）本名却吉罗追，生于西藏山南洛扎县，家庭比较富足。他15岁时开始向卓弥学习梵文，后因卓弥传授密法要很多钱，他便直接到印度去学佛法。先后去印度三次，去尼泊尔四次。他的师长有那饶巴、弥勒巴（或译梅只巴）及其他一些人。

他所学的都是密教的“喜金刚”法（又译“双喜金刚”法）、“密集”、“大印”，还带回来一些经典从事翻译，所以又称他为玛尔巴译师。他回西藏后在卓窝垅定居下来，教授学生。玛尔巴一生并未出家，除教学生外，他还从事经商、务农等活动。

据玛尔巴的传记记载，他脾气暴躁，但意志坚强，办事决心很大。他为到印度去学佛教，把家产都变卖成黄金。他的教法都传授给了他的主要门徒米拉日巴。

米拉日巴（1040—1123年）是藏传佛教史上的一位重要人物，他出生在后藏的贡塘（今西藏吉隆县以北靠近阿里的地方），原属琼波家族，从他祖父时起，他家这一支改称米拉氏，定居在贡塘。米拉日巴的父亲除耕地外，还经商和行医，家道慢慢上升。到米拉日巴7岁时，父亲病死，母亲这时24岁。伯父为了侵占家产，强迫米拉日巴的母亲嫁给伯父的儿子。母亲不同意，其家产就被伯父全部霸占。于是米拉日巴的母亲带着他和一个妹妹，过着极其贫困的生活。

米拉日巴的母亲很恨迫害他们一家的仇人，一心教育米拉日巴长大要复仇。后来米拉日巴在藏绒地方学会了黑巫术（即本教的巫术）。他用这种巫术把他伯父的儿子、媳妇以及有关的亲友一共咒杀了三十五人之多，而且还祭起了冰雹，打毁了全村的庄稼。这当然只是一种附会的说法，他为了报仇而杀人是完全可能的。至于冰雹，在西藏高原更是常见的事。米拉日巴报仇后，他母亲很高兴，但是米拉日巴却为自己杀人毁稼，造下了恶业而悔恨。为了拯救自己犯下的罪过，他改信了佛教，先在绒地方向一位宁玛派的僧人学习“大圆满法”，没有学到精妙处，于是在 1077 年他 38 岁时又投到玛尔巴的门下，成了玛尔巴的门徒。他在玛尔巴处一共学了六年零八个月之久。起初玛尔巴为了消除他以前的“恶业”，并不教给他什么佛法，只是让他从事种田、盖屋等劳动。后来由于米拉日巴能够毫无怨言地忍受各种繁重的苦役，玛尔巴才把自己的全部密法传授给他。据说米拉日巴从玛尔巴那里学到了“拙火定”，冬天只穿单布衣就能抵御严寒，所以人们称他为“日巴”（意为穿布衣者）。当米拉日巴 45 岁那年回到家乡探亲时，他的母亲已经去世，他的妹妹也讨饭到外地去了。于是米拉日巴到吉隆、聂拉木一带的深山里去“坐静”，通过坐静更加深刻地领悟了他所学到的各种教法。他这次坐静修炼长达九年，后来才下山收徒传教。

据说米拉日巴传教的独特方法是通过唱歌来教授门徒，他有一部道歌集，是由他的弟子收集整理的，在藏族人民中流传很广。他的道歌虽然都是佛教上的内容，但在一定程度上反映了当时的社会情况和各阶层人们的思想状况。在写作技巧上多采用比喻的手法，无论是写景写人都很生动细腻，对后世藏族诗歌的发展也有一定的影响，在文学史上占有重要的地位。

米拉日巴在四出周游传教时曾到过冈底斯山一带，当时本教在那里还很盛行，相传他曾和本教的大巫师斗法，并取得了胜利，从那以后冈底斯山一带的本教势力才衰微下去。米拉日巴在长年传教的过程中，声望也一天天高了起来，有许多人做他的施主，还有许多弟子门徒跟随他，他的传教活动一直进行到他 84 岁被人毒死时为止。米拉日巴一生的经历是很苦的，藏传佛教界也以他为苦行僧人的典范，后来的各教派都承认他是著名的高僧和宗教宣传家。封建统治阶级利用米拉日巴的“苦行”，极力宣扬忍受和顺从可以得到善果。由于这种宣传，米拉日巴在藏族人民中成了一个家喻户晓的人物。

米拉日巴有不少男女门徒，其中最著名的是热穷巴和塔布拉杰。热穷巴（1083—1161 年）本名多吉扎，是米拉日巴的同乡。他幼年丧父，母亲“转房”嫁给他叔父，他成了叔父的仆人。他在十一二岁时就向米拉日巴学习佛教，15 岁时得了癞病（估计是麻风病），于是他就离开米拉日巴，独自一人居住在深山里。后来有三个印度人路过那里，觉得他很可怜，就将他带到印度去。他在印度治好病后，在返回西藏路经尼泊尔时，学了密宗的“密集”“胜乐”等教法，回西藏后又继续向米拉日巴学佛教。后来米拉日巴又派他去印度学习玛尔巴没有学完的“无身空行母法”等密宗教法。他在印度向那饶巴和弥勒巴的弟子底布巴学习后，回西藏把这些教法传授给他的老师米拉日巴。

后来，热穷巴离开米拉日巴到前藏去传教。他到过山南的雅隆、塔布的涅麦等地，还在香卜的雪山中静修过一段时间。他在山南的洛饶地方停留时间最长，当地向他学习的弟子也最多，其中还有一个洛基头人，除跟他学佛外，还给他当助手约 25 年之久。热穷巴所传的教法后来在洛饶一带长期传承不断，但是没能形成一个支派，这主要是因为他只注重密法修炼，而不注重教法传承的缘故。

米拉日巴的另一位门徒塔布拉杰，本名索南仁钦。因他出身于塔布地方的尼氏家族，而且精于医道，故称塔布拉杰。又因他后期常住在他自己兴建的岗布寺，又称为岗布巴。他二十多岁时死了妻子，因而悲观厌世，在26岁时出家学佛。起初他拜甲域哇为师学习噶当派中教授派的经典，到32岁时听到米拉日巴的名字，他就去后藏拜见，米拉日巴教给他“多吉帕姆灌顶”和“拙火定”。1111年,他回到塔布的涅麦地方，先住在当地一个噶当派的寺院赛瓦垅，后因他学了噶举派的教法，怕寺里僧人责备他，就离开了赛瓦垅，到外面去修习了三年，才证得了噶举派所说的那种境界。1121年，他在塔布地区的雅鲁藏布江北岸加查县和朗县之间的一个地方建立了岗布寺，并收徒传法。他在教授门徒时能够“因材施教”，按门徒的不同情况分别传授，对可以传密法的，就传给“方便道”，对可以显密兼传的，就传给“大印”法，而米拉日巴则是把“大印”和“方便道”同时传授的。塔布拉杰融合了噶当派的教法和米拉日巴所传的密法，形成了自己的以“大印”为主的体系，这就是噶举派中的塔布噶举支派。塔布噶举是和香巴噶举并列的噶举派的两大传承之一。后来香巴噶举衰微了，而塔布噶举又传出了四大支八小支，有些支派直到现在还传承不断。所以，现在凡是提到噶举派而不专门说明是指香巴噶举的话，那就都是说的塔布噶举。

塔布拉杰在岗布寺住了三十年之久，他一面讲经传教，一面著书立说，影响很大。当时藏传佛教界普遍重视讲经，和他的积极提倡是有关系的。塔布拉杰死于1153年，他死后岗布寺寺主由他的侄儿继承，以后多半由尼氏家族的后裔继承，偶尔也由寺主的门徒继承。但是岗布寺这一支没有发展得很兴盛，到清朝初年蒙古准噶尔部侵扰西藏时，岗布寺曾毁于兵火，后来又重建起来。

噶玛噶举是塔布噶举传出的四大支之一，这一支派的传承一直延续到现在。它的创始人是塔布拉杰的门徒都松钦巴（意为知三世，1110—1193 年），他本名却吉扎巴，是康区哲雪地方的人，16 岁时出家，19 岁时到前藏学法。起初他也是学噶当派的教法，到 30 岁时遇见塔布拉杰，就改随塔布拉杰学习佛教。塔布拉杰既传给他噶当派的教法，又教给他噶举派的“拙火定”修法，并让他到桑日去静修。都松钦巴学习的范围较广，他还去找洛饶的热穷巴学过那饶巴、弥勒巴的教法，还学过萨迦派的“道果”法及宁玛派的“大圆满法”，但是他修习和传授的教法还是以噶举派的“拙火定”和“大印”法为主。

1147 年，都松钦巴到了康区的类乌齐，在那里的一个叫噶玛的地方修建了一座噶玛丹萨寺，噶玛噶举即由此寺得名。1187 年他又在堆垅地方修建了粗卜寺。噶玛噶举在都松钦巴创建时期是以噶玛丹萨寺和粗卜寺为主寺的，后来噶玛丹萨寺的地位下降，该派便仅以粗卜寺为主寺了。

总观噶玛噶举支系的情况，有两点值得注意，一是藏传佛教独特的活佛转世制度是它最早采用的。活佛转世制度是藏传佛教寺院统治集团为了解决自己的领袖人物的继承问题而建立的一个制度。噶玛噶举创立了这一制度，证明它比其他教派更早一些形成了一个以寺院为中心的统治集团。另一点是从元朝以来，噶玛噶举的势力一直很大，在政治上有左右一方的力量，和中央王朝的关系一直很密切，在 17 世纪前半期，它还曾一度操纵过西藏地方政权。

噶玛噶举又分两个小支系：一个是黑帽系，一个是红帽系。红帽系是从黑帽系中派生出去的，现将它们的情况分别介绍如下：

黑帽系实际上是从噶玛拔希（1204—1283 年）开始的，但是在藏传佛教史籍上把噶玛噶举的创始人都松钦巴算作是黑帽系的第一世活佛，而把噶玛拔希算作黑帽系的第二世活佛。噶玛拔希本名却吉喇嘛，在藏传佛教的传说中他是一个仅次于莲花生大师的有“神通”的人物，往往把他称为“祝钦”，意为大成就者。虽然在名义上他是都松钦巴的转世，但实际上他是在都松钦巴死后 11 年才出生的。他出身于康区哲垅（估计在金沙江沿岸）地方的哉波务家族。他最初的老师叫崩扎巴，是都松钦巴的再传弟子。后来他到粗卜寺跟随喀脱巴出家，慢慢有了名气，许多人说他“神通广大”，他回到康区收徒传教，门徒达五百人之多。1247 年他又到粗卜寺去，此时他已是噶玛噶举的著名高僧了。1253 年忽必烈在南征云南大理经过康区时，对一些在萨迦班智达时归附了蒙古后来又不愿缴纳贡赋的藏族地方势力进行武力征服。忽必烈看到噶玛噶举在康区有较大的势力和影响，而噶玛拔希又是康区地方统治阶级出身，就派人到粗卜寺去召请噶玛拔希。就在这一年噶玛拔希到川西北的绒域色都地方会见了忽必烈。忽必烈要他随侍左右，他不愿意，终离开了忽必烈，到了宁夏和内蒙古交界的地方，并在此地建立了一座吹囊朱必拉康庙。后来又到灵州（今宁夏灵武）、甘州（今甘肃张掖）一带活动。1256 年，当他想动身回西藏时，接到了蒙古大汗蒙哥召见他的诏书，于是他去蒙古的和林会见了蒙哥。蒙哥赐给他一顶金边黑色僧帽及一颗金印，这就是黑帽系名称的来源。

1259 年蒙哥死，1260 年忽必烈在开平（今内蒙古多伦）自称大汗，而忽必烈最小的弟弟阿里不哥在和林也自称大汗，兄弟之间展开了争夺蒙古大汗位的斗争。经过了一年的战争，阿里不哥在 1261 年兵败。噶玛拔希因以前不肯追随忽必烈，在争夺汗位的斗争中又有帮助阿里不哥的嫌疑，被忽必烈投入监狱。这时萨迦派的八思巴已被忽必烈封为国师，拘押噶玛拔希很可能出自八思巴的怂恿。后来忽必烈又把噶玛拔希流放到盖乌曲地方，噶玛拔希的门徒中还有两人被处死。直到 1264 年，忽必烈考虑到噶玛噶举在藏族地区有较大的影响，单一地依靠萨迦派也有许多不利之处，才把噶玛拔希释放，并且准许他自由传教。噶玛拔希在获释后动身返回西藏。他一路讲经传教，经过八年才回到了粗卜寺，在 1283 年死于该寺。

噶玛拔希和萨迦派的八思巴是钩心斗角的。他们都希望得宠于元朝统治者。从政治角度而言是萨迦派占了上风，从宗教上看噶玛噶举原来的实力已经不小，再加上噶玛拔希在康区以外的宁夏、甘肃、青海一带长期活动，更增强了实力和影响，所以在噶玛拔希去世时，噶玛噶举随着本身政治、经济实力的增长，采取了活佛转世的制度。

黑帽系三世活佛叫让迥多吉（1284—1339 年）是后藏贡塘地方人。他 5 岁到粗卜寺跟随噶玛拔希的门徒邬坚巴学经，7 岁出家，18 岁受比丘戒，学过噶玛噶举、宁玛、希解等派的教法，又到桑浦寺学过显宗各种经论。他后来到康区，在类乌齐附近创建噶玛拉登寺，还调解过郭笛地方的纠纷。他从康区回到粗卜寺后，除学经之外，还到塔布、工布地区去过，又在前藏兴建了一座德钦登寺，以后又去后藏萨迦、江孜一带传过教。

1331 年，让迥多吉在粗卜寺接到元文宗召他进京的诏书，他没有立即动身。1332 年又接到催他进京的诏书，于是在这年十月到达北京，这时元文宗已经死了。他在北京曾经给元宁宗和宁宗皇后进行过密宗灌顶的宗教仪式（灌顶是对被认为有“根器”，可以修习密宗的人进行的一种宗教仪式）。他还从北京往西藏带信，让他的弟子扎巴僧格常驻德庆登寺，这个扎巴僧格就是红帽系的第一世活佛。

1334年，让迥多吉在返回西藏的途中，曾经朝拜过五台山，还到宁夏去传过教，在路过康区时还平息过个别地方的战乱。在他回到西藏后不到两年，1336年，元朝末代皇帝顺帝又派人召他进京，他于是在1338年再次到北京，并于次年死在北京。关于他死的原因众说不一，有人说他是被喇嘛巴害死的，《元史》中未记载这个喇嘛巴是谁，不过元代的帝师在藏文中有时记成喇嘛，而元顺帝时的帝师贡噶坚赞是萨迦派款氏家族的成员。萨迦和噶玛噶举从来不和，元朝末年的几位皇帝一再起用噶玛噶举的人，萨迦派的人因嫉恨而害死让迥多吉也是有可能的。

黑帽系第四世活佛名叫乳必多吉（1340—1383年），出身于工布地区的一个农奴主家庭。当他被认定为是让迥多吉的转世以后，就被迎到粗卜寺接替让迥多吉的法位。他主要是在塔布、工布地区活动，在政治上他受到帕木竹巴地方政权建立者绛曲坚赞的信任，还受到蔡巴的最后一任万户长格微罗追（即贡噶多吉）的邀请，到过拉萨的蔡贡塘寺。元顺帝于1356年召他去北京，这时他还没有受比丘戒，还不能算是一个正式的出家僧人，于是他在1357年受比丘戒，1358年动身去北京。他在路经康区时，受到沿途各地方势力迎送。1359年他经过青海宗喀地方时，刚满三岁的宗喀巴被领来见他，他给宗喀巴授了近世戒（即戒杀、戒盗、戒淫、戒妄语、戒酒），所以宗喀巴最早接触到的藏传佛教是噶玛噶举派。乳必多吉还曾到米聂饶岗，调停了当地两个部落之间的战争。

1360年乳必多吉到达北京，他给元顺帝父子传授了一些密宗的教法,特别是传授了一些所谓的“方便道”。史籍上记载元顺帝的丑闻不少，可能与乳必多吉的这些传授有关系。乳必多吉不仅给皇帝传法，而且还给在北京的各民族的统治阶级人物传法。他在北京一住五年，于 1304 年启程返藏，途中在甘州建立过一座寺院，到类乌齐时在噶玛丹萨寺为僧人讲过经，然后才回到粗卜寺。元朝灭亡后，明太祖朱元璋曾先后派人到藏族地区召请藏族僧俗领袖进京朝贡，乳必多吉也受到过召请，但他没有应召前往，只是从 1374 年开始派人去南京朝贡，1383 年乳必多吉死在工布地方。

黑帽系第五世活佛名叫得银协巴（1383—1415 年），是藏传佛教史上的一个重要人物。他原名却贝桑布，藏文史籍上说他是娘布地方的人。在西藏被称作“娘”的地方有两处：一处是江孜地区的年楚河流域；一处是工布以西的尼洋河流域。估计这里所说的娘布是指工布地区的尼洋河流域，因为得银协巴 7 岁时是在工布地区的则拉岗出家的。得银协巴 18 岁时到昌都地区的馆觉、类乌齐一带传教，后来又回到工布。20 岁时在则拉岗受比丘戒。明成祖派宦官侯显和和尚智光专程到西藏召请得银协巴去南京。他应召到南京后,1406 年冬在华盖殿受到明成祖的宴请。1407 年春，明成祖命他在灵谷寺为其父母（朱元璋夫妇）“荐福”。到三月间，明成祖赐给他“如来”的名号（“得银协巴”就是“如来”的藏译），并且封他为“万行具足十方最胜圆觉妙智慧善普应佑国演教如来大宝法王西天大善自在佛”。得银协巴的弟子中也有几个人先后被封为国师、大国师。明成祖又命得银协巴在五台山为他新故去的皇后“荐福”。1408 年，得银协巴返回西藏，到 1415 年，他 32 岁时死去。

自从得银协巴受封为大宝法王以后，这个封号就成为黑帽系的历代转世活佛专有的一个封号，一直到明朝末年他们都自称大宝法王，按期派人到京师朝贡。元朝时忽必烈封八思巴为大宝法王，明朝所封的大宝、大慈、大乘三大法王中，也以大宝法王地位最高，在藏族人士的心目中，这是个最尊贵的封号。噶玛噶举在它发展初期的两三百年中，虽然在宗教、经济上很有实力，但是还没有形成一个地方政权，元代所封的十三万户中，没有一个万户属于噶玛噶举，它只是靠它的领袖人物周游各地，传法收徒，调停争端，勾结地方势力来扩大自己的影响和实力。直到 17 世纪初叶，才出现了以该派的红帽系为主的噶玛噶举的领袖人物和后藏地方政权相结合的情况。

黑帽系第六、第七、第八、第九世活佛的事迹见于记载的不多，他们所处的时期，正是黄教力量发展成为藏族社会一个实力强大的寺院集团的时期。这几世黑帽系活佛虽然没有亲自到内地去过，但是他们和中央政权的来往一直不断，不论是粗卜寺派去朝贡的人员，还是明朝皇帝派往粗卜寺的官员，为数都不少。此外，当时噶玛噶举的领袖人物和蒙古族的一些统治阶级也有书信往来，黑帽系第九世活佛还加强了和云南丽江纳西族木土司的联系，这些都对以后噶玛噶举的历史发展有直接关系。

黑帽系第十世活佛却英多吉（1604—1674 年）所处的时期是藏族历史上发生重大变革的时期，这就决定了这一历史人物的重要性。当时，中央的明王朝渐趋衰落。在西藏，黄教和噶玛噶举正在进行争夺权势的角逐，而它们背后都各有蒙古族军事力量作后盾，蒙古族军事力量甚至深入到西藏来进行战争，最后以黄教寺院集团的胜利告终。却英多吉正是在这样的背景下展开他的活动的。他在八岁和十四五岁时曾两次派遣专人向明朝万历皇帝朝贡，在11岁和17岁时又先后两次到蒙古族地区去传教，和蒙古族的领袖人物拉上了关系。更为重要的是，他和在17世纪前半期曾短期控制西藏地方政权（1618—1642年）的第悉藏巴建立了密切的关系，虽然和第悉藏巴结合起来与黄教敌对的，主要是噶玛噶举红帽系第六世活佛，但是却英多吉作为噶玛噶举的领袖人物与这种结合不能没有联系。却英多吉曾经承认第悉藏巴·彭措南杰的"王"的地位，并赠给彭措南杰一颗印。但是后来为却英多吉写传记的人，为了不开罪于黄教，极力掩盖却英多吉支持第悉藏巴反对黄教的真实情形。

黄教得势后，却英多吉处境困难，后经四世班禅罗桑却吉坚赞调停，噶玛噶举和黄教的关系才稍有缓和。但是时隔不久，1642年到1644年，在工布和山南地区又爆发了噶尔巴反对黄教和固始汗的斗争，使却英多吉又卷入和黄教的斗争漩涡。噶尔巴原是康区类乌齐附近的一个家族，15至16世纪在西藏曾煊赫一时的仁蚌巴就出自这个家族，历史上这个家族一直和噶玛噶举关系密切。仁蚌巴在16世纪后半期衰落后，其属臣辛厦巴·才旦多吉取代它成了卫藏地区的实际统治者，辛厦巴与噶尔巴家族的关系仍然是很密切的。举兵反抗黄教的噶尔巴其人的父母，都是噶玛噶举教派中有地位的人，当支持噶玛噶举的第悉藏巴政权被消灭后，他就成了带兵反抗固始汗和黄教的主要人物了。1642年，噶尔巴在工布地区的代表雪喀巴被固始汗击败，部下八千多人被消灭。1644年噶尔巴又在山南靠近不丹的地区再次举兵反抗，又被击败，最后噶尔巴逃到康区去了。

由于噶尔巴的叛乱，却英多吉的处境又危急起来，固始汗和五世达赖的军队把他包围在一座建筑物中，等于是当了人质。但是却英多吉居然从中逃跑出来，最后逃到云南丽江木土司的家中。木土司很久以来就信奉噶玛噶举，自然愿意接待他。可是却英多吉在木土司家住不惯，他先退隐到一座安静的寺庙里，后来又一个人想越过康区到青海的果洛去，半路上遇到强盗，被劫掠一空，最后被人找到又接回木土司家中。

1653年，清朝顺治皇帝刚刚送走到北京朝觐的五世达赖，就派人去邀请却英多吉到北京来，这说明清朝政府对噶玛噶举在藏族地区的实力还是很重视的。却英多吉迫于自己的困境，没有应召进京，只是派人上表朝贡，极力争取清朝的承认和支持。1660年顺治帝封赐却英多吉，并颁发给他印信，承认他的地位，但是这时噶玛噶举的实际地位已远不如往昔了。

最后，经过藏传佛教界人士的斡旋，却英多吉得以返回西藏，但这时噶玛噶举不得不承认受达赖喇嘛的监管。一直到新中国成立前，达赖喇嘛的译仓还派有一个官员常驻粗卜寺，负责监督噶玛噶举的事务。1674年，却英多吉死。在他以后的黑帽系各世活佛，仅仅是一个教派的领袖，再也没有干预西藏政治的能力了。

黑帽系第十一世活佛名叫意希多吉（1676—1702年）。他在世时，五世达赖的第巴桑结嘉措曾在1686年亲自去过一次粗卜寺。

黑帽系第十二世活佛名叫绛曲多吉（1703—1732年）。准噶尔侵扰西藏时他被叫到拉萨去和准噶尔将军策楞敦多布见面。到1720年清军护送七世达赖到拉萨时，他也在场，会见过清军的各个将领和西藏地方的官员康济鼐、颇罗鼐等人。1727年西藏统治阶级内部发生内讧，噶伦阿尔布巴等人杀害了首席噶伦康济鼐。这次内讧平定后，清朝雍正皇帝下诏让绛曲多吉进京。1731年绛曲多吉和红帽系八世活佛一同到达北京。

第二年，两人先后死在北京，很可能是感染天花致死的。

黑帽系第十三世活佛名叫堆督多吉（1733—1797年）。政治上对他的记叙不多，宗教史上记录了他两件突出的事，一是说他是个著名的发掘“伏藏”的人，一是说他善懂鸟兽语言。对他以后的黑帽系十四、十五世活佛也没有什么记载。

黑帽系第十六世活佛名叫日必多吉（1924—1981年）。他在西藏民主改革前曾任西藏自治区筹委会委员，1959年逃到印度。他曾到各国去进行宗教活动，印度政府给他拨了土地让他建寺传教。他在印度和十四世达赖闹对立，他认为历史上是五世达赖篡夺了藏传佛教的领导权，现在他要恢复黑帽系活佛在却英多吉以前作为藏传佛教领袖的光荣地位。总之，他是逃亡印度的藏传佛教界人士中的一个重要人物。

噶玛噶举红帽系是因为它的第一世活佛扎巴僧格（1283—1349年）得到元朝帝室成员赐给的一顶红色僧帽而得名的。扎巴僧格是黑帽系第三世活佛让迥多吉的弟子，他除噶举派外，还学过噶当、觉囊等教派的教法，于1333年建立乃囊寺（在粗卜寺以东）。在红帽系于1490年建立羊八井寺以前，乃囊寺一直是红帽系的主寺。让迥多吉在北京的时候，曾写信让扎巴僧格去住持他建立的德钦登寺，但是扎巴僧格未遵师命，依然常驻自建的乃囊寺。扎巴僧格的弟子很多，以雅第班钦（1299—1378年）最为有名。雅第班钦曾经建立过一座名叫艾瓦木的寺院。

红帽系第二世活佛名叫喀觉旺布（1350—1405年）。他是著名的黑帽系第五世活佛得银协巴的老师。

红帽系第三世活佛名叫却贝意希（1406—1452年），他曾得到明朝皇帝赐给的封号以及佛像、法器等物品。

红帽系第四世活佛名叫却扎意希（1453—1524年），有的史料上称他为沙玛尔却扎巴。他10岁时曾到青海西宁一带，并从西宁北上去蒙古地区云游，返回西藏后，又曾到康区、工布及前藏各地进行活动。后来他得到仁蚌巴·敦悦多吉的大力支持，于1490年在拉萨西北的羊八井地方建立羊八井寺，并由仁蚌巴拨给羊八井寺豁卡（庄园）和农奴。从这时起红帽系的主寺就迁到了羊八井寺。从却扎意希开始，红帽系与仁蚌巴家族的关系十分密切，他本人就是仁蚌巴家族的谋士。1481年仁蚌巴以武力打败帕竹地方政权、自1498年起仁蚌巴禁止黄教的哲蚌寺和色拉寺的僧人参加一年一度的拉萨祈愿大会等事件，都是出自却扎意希的策划。直到1518年，哲蚌和色拉两寺的僧人才被允许重新参加传召大会，并由哲蚌寺的寺主主持法会。

红帽系第五世活佛名叫贡却演拉（1525—1583年）。第六世活佛名叫却吉旺秋（1584—1635年）。他们继续和黄教势力作斗争，先是和仁蚌巴家族拉关系，后来又和辛厦巴家族建立了联系，最后在却吉旺秋时又结纳上蒙古族军事力量。他们二人也是处在仁蚌巴和辛厦巴家族的谋士的地位，蒙古却图汗的军队也是第悉藏巴通过却吉旺秋引到西藏来的，后来当却图汗的儿子阿尔斯兰在西藏转而支持黄教时，将却吉旺秋杀死在藏北的当雄。

红帽系第七、第八、第九三代活佛的传记上没有什么重要的记载，因为这时五世达赖已经控制了西藏的实权，他们只能是作为红帽系的领袖人物而已。其中的红帽系第八世活佛曾与黑帽系第十二世活佛绛曲多吉于1731年一同到达北京，并于次年先后死在北京。

红帽系第十世活佛，也是最后一个红帽系活佛名叫却朱嘉措（生于

1738 年以前的几年中，死于 1791 年）。他是六世班禅贝丹意希（1738—1780 年）的同母异父兄，六世班禅的另一个哥哥是仲巴呼图克图，他们三人的母亲是拉达克土王的女儿，他们三人的一个侄女是当时香巴噶举桑定寺的女活佛多吉帕姆。六世班禅在 1780 年乾隆帝七十寿辰时专程来内地庆寿，先住在热河的须弥福寿寺。当年冬，因出痘死在北京。乾隆帝以及满、蒙、汉各族王公大臣对六世班禅的馈赠和赙仪甚多，总计约值数十万两白银。仲巴呼图克图当时担任扎什伦布寺的总管，他借口教派不同，不愿将这笔钱财分给却朱嘉措，想全部据为己有。却朱嘉措对此愤愤不平。于是，他逃到尼泊尔勾结廓尔喀统治者发兵侵入后藏，抢劫扎什伦布寺的财宝。当清朝派遣大军进藏驱逐廓尔喀侵略军时，却朱嘉措畏罪自杀。清朝大将军福康安命令廓尔喀王归还却朱嘉措的尸骨及其妻子儿女、门徒随从等，作为停止战争的条件。后来乾隆帝命令把却朱嘉措的尸骨分别挂在前后藏及康区的各大寺院，以为叛国者戒，把以羊八井寺为首的红帽系寺院和所属的土地、牧场、农牧奴全部查抄归公，羊八井等寺的红帽系僧人一律勒令改宗黄教，禁止红帽系活佛转世，噶玛噶举红帽系从此断绝。

除了以上所说的黑帽系和红帽系以外，噶玛噶举派还有几个活佛转世系统，比较有名的是德格八蚌寺的司徒活佛，乃囊寺的巴俄活佛，粗卜寺的贾曹活佛，现将其简要情况分述如下：

司徒活佛转世系统原来住在昌都类乌齐的噶玛丹萨寺，到司徒却吉迥乃于 1727 年在德格修建八蚌寺以后，就以八蚌寺作为司徒活佛的主寺。司徒却吉迥乃写过一本有名的著作《松达大疏》，是关于藏文文法的权威著作。八蚌寺是康区最大的一座噶玛噶举的寺院，在 1957 年时有五百多僧人，七八十座属寺，甚至在云南丽江也有它的属寺。

乃囊寺的巴俄活佛第一世名叫却旺伦珠。第二世是巴俄祖拉陈瓦（1503—1565年），他是著名的藏文历史著作《贤者喜宴》（1564年成书）的作者。该书材料丰富，保存了一些珍贵的古代藏文史料，作者对一些重大历史事件有自己独到的见解，是一部重要的藏文史料书。从巴俄祖拉陈瓦开始，这一活佛系统以洛扎的拉隆寺作为主寺。到五世达赖时将拉隆寺改为黄教寺院，这一活佛系统又不得不再以乃囊寺作为自己的主寺。

司徒、巴俄两个小活佛系统都是从红帽系中分出来的，而贾曹活佛就住在粗卜寺内，是从黑帽系分出来的小活佛。这个活佛系统中比较出名的有第五世贾曹活佛扎巴乔央（1617—1658年），他是黑帽系第十世活佛却英多吉的总管。在五世达赖胁迫却英多吉时，代表却英多吉向五世达赖交涉具体事宜的就是这个扎巴乔央。

噶玛噶举活佛转世系统多，寺院也不少，据估计，新中国成立初期，在前后藏及康区共有噶玛噶举寺院两百多座，此外在不丹、锡金、尼泊尔、拉达克等地也都有噶玛噶举的寺院。

噶举派的四大支中的第二支是蔡巴噶举。这一支派的创始人是向蔡巴（1123—1194年），他本名达玛扎，26岁出家以后改名尊追扎。他是拉萨附近的人，13岁时和帕竹·多吉杰波一同去拜见塔布拉杰，这时塔布拉杰已74岁，所以他主要还是向塔布拉杰的侄子贡巴楚臣宁波学经。后来他又向奥喀巴和帕竹·多吉杰波学习过。1170年帕竹·多吉杰波死后，他在帕竹·多吉杰波创建的丹萨替寺住了几年，就在这几年中他得到拉萨蔡期地方（今蔡公堂附近）一个有势力的噶尔家族（这个家族自称是松赞干布时的大论噶尔·东赞域宋的后裔）的领袖人物噶尔·杰哇迥乃的支持，于1175年在蔡期建立了蔡巴寺，蔡巴噶举即由此寺得名。

向蔡巴建立蔡巴寺所用的材料、资金等，有一部分是别人自愿捐助的，有一部分是他向人索取的，如果索取不给就去抢夺，因此向蔡巴常和别人械斗。本来佛教是反对抢劫的，但是向蔡巴这种“一心为佛教”的抢劫却非但不被认为是“罪过”，相反的还以为是“功德”，甚至还把他和帕竹·多吉杰布、宗喀巴合称为西藏的“三宝”，足见藏传佛教界人士对他的敬重。直到他晚年，才接受了噶玛噶举的创始人都松钦巴的劝告，停止了抢劫行为。

1187年，向蔡巴在他的弟子们的帮助下，又在蔡巴寺附近建立了一个贡塘寺。到1194年他死后，蔡巴噶举的宗教活动由蔡巴寺和贡塘寺的堪布主持。这两个寺的实权先是由向蔡巴的侍者达玛宣奴掌握，并且由达玛宣奴的后辈叔侄相承。到达玛宣奴的侄孙意希迥乃时，蔡巴噶举又兼并了吉麦（指拉萨河下游地区）的许多村寨，权势更加扩大，所辖地区有“四部八支”之称。意希迥乃的继任人是噶尔·杰哇迥乃的儿子桑结额珠，从这以后，噶尔氏家族就直接控制了蔡巴噶举教派。

桑结额珠继任蔡巴寺和贡塘寺的寺主时，正是忽必烈派人到西藏分封十三万户的时候，当时蔡巴受封为一个万户，万户长就是桑结额珠。桑结额珠的儿子仁钦坚赞继任万户长后，曾亲自到北京向元朝朝贡，忽必烈封赐给他土地，并赐给金印、诰命，于是蔡巴就成了在前藏一带实力最强大的三个万户之一（另外两个是帕竹和止贡），而蔡巴噶举教派已经成为蔡巴万户的附属物。

仁钦坚赞有三个儿子：长子叫尼玛喜饶，曾随八思巴到北京见过忽必烈，接受过忽必烈封给的封号和诰命。次子叫噶德衮布，据说他曾七次到内地。由于元朝对他的支持，他在地方上很有势力。他还把内地刻版印刷的技术带回到藏族地区，从此藏族学者的著作也随之增多起来，在藏族文化史上是有贡献的。三子叫仁钦旺秋，是一个出家僧人。

噶德衮布的孙子蔡巴·贡噶多吉是藏族史上一位著名的人物。他曾到过内地，亲自向元朝朝贡。他以编纂藏文大藏经的《甘珠尔》的目录而知名，后来有些《甘珠尔》的刻本是以他编纂的《甘珠尔》目录为蓝本刊行的。他在1346年写成了《红史》，这是一部研究藏族古代历史的重要参考书。另外蔡巴·贡噶多吉还是一个佛学知识十分渊博的人。他本人是一个僧人（出家后名叫格微罗追），与著名的布顿·仁钦珠（1290—1346年）是同时的人。有一次布顿·仁钦珠应邀到蔡巴寺去主持一项宗教仪式，他携带了很多佛教书籍，并在一路上抓紧时间阅读。有人问他为什么在路上还要看书，他回答说蔡巴·贡噶多吉很有学问，见面后他一定会问到佛学方面的问题，要是不在路上抓紧时间看书，必定会被他问倒。由此可见，蔡巴·贡噶多吉的佛学知识，使当时著名的佛学大师布顿·仁钦珠都很钦敬。

蔡巴噶举在蔡巴·贡噶多吉控制时，曾联合萨迦、雅桑的势力，共同和帕竹作战。这时帕竹已是西藏地区最强大的地方势力了，最后蔡巴、萨迦、雅桑都被帕竹击败，蔡巴的辖地也几乎全被帕竹夺取，蔡巴的势力从此一蹶不振。

蔡巴·贡噶多吉的儿子格雷桑布曾经接受过元朝的司徒封号，其子孙在明朝时仍有都指挥使的官衔，但已经没有多大实力了。蔡巴噶举也随着蔡巴领主的失势而衰落下来。蔡巴寺和贡塘寺在元朝末年改为桑浦寺的属寺，黄教兴起后，又改成了黄教的寺院，这一支派的传承就此断绝。

噶举派的四大支中的第三支是拔戎噶举，它的创始人是塔布拉杰的弟子达玛旺秋（约12世纪时人）。他是拉萨以北盆域地方的人，属于达噶哇家族。据说塔布拉杰很喜欢他，传授给他一整套教法。后来他在绛地方（今西藏昂仁县）建立了拔戎寺，拔戎噶举即由此寺得名。达玛旺秋在拔戎寺收徒传法，很有名气。在他的众多门徒中，有一个名叫热巴的帝师（不是元朝的帝师，因为12世纪时元朝尚未建立。估计是西夏或金的帝师，但又未见于史载，还有待查考）。

达玛旺秋死后，拔戎寺的堪布职位由他的家族世代相传，后来这个家族内部纷争迭起，堪布也不断易人，拔戎噶举和拔戎寺就慢慢地衰落了。

噶举派的四大支中繁衍最多的是帕竹噶举这一支。这个大支派已经不存在了，但是从它分出来的八个小支系中，有两三个一直延续到新中国成立以后。帕竹噶举在历史上是显赫一时的大教派，从1354年开始，它取代萨迦派掌握西藏地方政权达两个多世纪，因此它的历史很值得我们注意。

帕竹噶举的创始人是塔布拉杰最著名的弟子帕木竹巴·多吉杰波（1110—1170年），通常也简称为帕竹·多吉杰波，或帕木竹巴。他出生在康区金沙江流域的哲垅乃学地方，属韦哇那盘托家族。他9岁时在甲奇拉康出家，起法名为多吉杰波。19岁以前在康区家乡跟16位老师学习《入菩提行论》，他学得很好，能够给人讲授这部论。19岁时他到了前藏，在堆垅地方的嘉玛寺学习中观、因明，后来跟从噶当派的一些高僧如甲域哇等学习显宗经论。1134年他从甲律师受比丘戒，学习戒律本论。在密宗方面，帕木竹巴也向当时一些知名人士如玛尔·却吉坚赞

（洛穷的弟子）、瓜译师、萨钦（即萨迦初祖贡噶宁布）等学习过不少教法。总之，帕木竹巴在显密宗各方面接触的范围很广，包括当时的噶当、萨迦、宁玛各派的教法。

1152年，他和向蔡巴一同去拜见塔布拉杰。虽然在塔布拉杰处学法的时间不长，但帕木竹巴认为塔布拉杰传授给他的密法胜过他以前学到的各种教法，于是他把塔布拉杰奉为"根本上师"。一年以后，塔布拉杰死了，帕木竹巴到萨迦去看望他的密法老师萨钦，报告了他学噶举派教法的事，可是萨钦对此很不以为然，再不和他谈论佛教问题，看起来这时各教派之间的门户之见已是越来越深了。于是帕木竹巴只好回到康区去，住在蔡岗地方，招收门徒，传授他从塔布拉杰那里学来的教法。跟他学法的人一天天增多，他的名望也逐渐增高。值得指出的是，他的教法融合了噶举和噶当两个教派的特点。

1158年，帕木竹巴在现在西藏桑日县境内的帕木竹地方修建了一座小寺，即是后世著名的丹萨替寺。从这以后的13年间，帕木竹巴一直住在这座寺里，直到1170年他死去。从此，帕木竹或帕竹就成了地名、人名、教派支系名和以后出现的帕竹家族名、地方政权名这五位一体的名字了。

1165年，有一个名叫达垅塘巴的人，来拜帕木竹巴为师，由他发展成帕竹支系下的一个小支派，名叫达垅噶举。还有一个名叫止贡巴的人，在帕木竹巴晚年时前来投靠，从而发展成另一个小支派，名叫止贡噶举。以上这两个支派都一直延续到新中国成立以后。帕木竹巴在传教时很能笼络僧众，他把靠自己名望得来的施主捐赠的财物都平均分给僧众和门徒，他自己却很节俭，过着清苦的生活。因此他在各地的名望很高，经常跟随他的门徒多达八百余人。

1170 年帕木竹巴死后，有六七年间丹萨替寺没有住持，向蔡巴曾短期地管理过寺院的事务。1177 年至 1179 年间，帕木竹巴的弟子止贡巴担任了寺主，但因没有经济来源，难于维持，止贡巴只好于 1179 年离开丹萨替寺，到现在墨竹工卡县的止贡地方建寺传教，创建了止贡噶举，但是他仍未断绝和丹萨替寺的关系。1198 年，止贡巴和达垅塘巴共同努力在丹萨替寺内帕木竹巴以前修法的一个“日楚”（修法小院，或译茅蓬）的基础上盖了一座大殿，有很多人为此向丹萨替寺奉献了不少财物作布施。在这次修建大殿的过程中，显露出止贡巴是一个善于要弄权术、很有些手腕的人。修大殿时达垅塘巴在经济上花费较多，止贡巴绌于财力，只能跟着共同筹划，等到大殿落成，很多人贡献财物、经书、佛像时，止贡巴以怕这些东西在当地地方势力的斗争中受到损失为借口，又说要准备一些钱来重修附近的桑耶寺，而把很多财富转移走了，其中很大一部分经书转移到了塔布拉杰建立的岗布寺。这样一来就引起了丹萨替寺僧众和达垅塘巴的不满，双方因而失和。到 1208 年由一个名叫扎巴迥乃（1175—1255 年）的人出面调解，而扎巴迥乃又是止贡巴的门徒，结果止贡巴在这场纠纷中占了上风。为了报答扎巴迥乃，止贡巴把丹萨替寺寺主的宝座让给了扎巴迥乃，达垅塘巴愤郁成疾，到 1210 年就死了。

扎巴迥乃是当时山南地区的一个实力人物，是帕木竹地方著名的大贵族，当时担任着地方官的郎拉斯家族的子弟。这个郎氏家族自称是吐蕃时期的大贵族的后代，从扎巴迥乃开始，丹萨替寺的寺主职位就被郎氏家族的成员占据了。因为扎巴迥乃是止贡巴的得意弟子，经常随侍在止贡巴的眼前，所以被人称为“京俄”（意为眼前），以后丹萨替寺历任寺主都有“京俄”的称号。另外，从扎巴迥乃开始，郎氏家族也常被人称为帕竹家族了。帕竹噶举发展的历史是先由宗教活动家创立教派，后来被一个地方显贵家族篡夺了教派的领导权，然后形成教派和地方势力二位一体的关系。

当元朝在1268年分封卫藏十三万户时，帕竹是一个万户，万户长墀本是由丹萨替寺的京俄荐举，由宣政院加以任命，自然帕竹家族对于万户长的任命是暗中掌握着实权的。到扎巴迥乃的侄子扎巴仁钦担任丹萨替寺的“京俄”时（1289—1310年），他又自己兼任万户长，并改称墀本为喇本，严格地说，西藏的政教合一应该从这时算起。萨迦时代的政教合一，远不如帕竹由一人兼任政治、宗教领袖这样典型。

到14世纪中叶，帕竹的实力更加发展。扎巴仁钦的侄子大司徒绛曲坚赞（1302—1364年）是藏族历史上一个重要的人物。他在1354年击败萨迦派地方政权，统一了卫藏地区，建立起帕竹地方政权。在此以前三年，即公元1351年，他在泽当建立了泽当寺，这是一座专门传授显宗经典的寺院。来这里学经的僧人不局限于帕竹噶举，藏传佛教其他各教派的僧人也可以来这里讲经或学经，而丹萨替寺则成为主要传授帕竹密宗经典的寺院。帕竹地方政权的领导人藏语叫作第悉，第悉必须是先在泽当寺做过寺主的人才能担任。泽当寺的第一任寺主，是由绛曲坚赞的侄子担任的。绛曲坚赞的侄孙扎巴坚赞（1374—1432年，任过泽当寺第五任寺主），于1406年被明成祖封为阐化王，这时可算是帕竹在政治上达到顶峰的时期。此后，帕竹的权势便逐渐衰落，家族内部也发生纠纷，宗喀巴在世时还曾经调解过帕竹家族内部的争端。后来，帕竹虽然还维持着西藏地方政权的名义，但它属下的贵族与它分庭抗礼，帕竹地方政权名存实亡，最后到 1618 年被第悉藏巴取而代之。

止贡噶举的创始人是帕木竹巴的弟子止贡巴仁钦贝（1143—1217 年），他是四川邓柯县人，属居热氏家族。他家世代信奉宁玛派。他青年时期，邓柯一带遭到自然灾害，他就到康区南部靠给人念经维持生活（据说在他 9 岁时就能为别人讲经）。后来他听说帕木竹巴在丹萨替寺传教，名望很高，便于 25 岁那年前往丹萨替寺向帕木竹巴学法。帕木竹巴传授给他一种特殊的密法。两年多以后帕木竹巴去世，止贡巴的名望逐渐升高，常有各地的人请他去主持法会。1177 年至 1179 年他曾短期住持丹萨替寺，后来因与寺僧不和而离任，于 1179 年到墨竹工卡县的止贡地方，在原有小寺（帕木竹巴的弟子米聂贡仁所建）的基础上增建了许多建筑，成为一座大寺，这就是著名的止贡替寺。止贡巴的名字就是由他建止贡替寺而得来，他所传的教派也就被称为止贡噶举。

止贡地方很富庶，这里处于农牧业区相交的地带，又是康藏交通的要道，商旅来往很多。据说有一次止贡替寺举办法会，各地前来参加的人多达五万五千五百二十五人。止贡巴仁钦贝所属的居热氏家族，从一开始就直接掌管止贡替寺的寺政，但在开初的四代，居热氏家族主要管理的是宗教方面的事务，还没有管理当地地方行政事务。元朝分封十三万户时，止贡是一个万户，这时居热氏家族的成员多吉扎既是止贡噶举教派的首领，又是地方行政的主持人——万户长。

止贡噶举在藏传佛教界有一定的地位，止贡万户在十三万户中也是实力比较强大的。在元朝初年，止贡得到元世祖忽必烈的弟弟旭烈兀的特别支持，不服萨迦派在西藏的领袖地位，到 13 世纪晚期常和萨迦派发生纠纷。1290 年萨迦本钦阿迦仑调集了几个万户的兵力，并奏请忽必烈派兵进藏，才打败了止贡噶举的武力。在这次战争中，止贡替寺被焚毁，历史上称这次事件为“林变”（即寺院之乱）。这次“林变”由于和忽必烈与其弟旭烈兀、阿里不哥的皇位之争有关系，可以说是元朝皇族内部斗争在西藏的反映，而不单纯是宗教或地方的叛乱问题。

止贡噶举在“林变”以后实力大为衰落，但在宗教方面仍有一定的影响。到 14 世纪中叶，止贡噶举的实力又逐渐恢复，并且联合雅桑、蔡巴等万户与当时新兴起的帕竹万户作战，结果被帕竹打败，实力又一次削弱了。到明代，止贡噶举的领袖人物旺仁波且仁钦贝杰（止贡替寺第十三任寺主）在 1413 年被明成祖封为阐教王。15 世纪黄教兴起以后，止贡噶举又抵制势力迅速扩张的黄教集团，在 16 世纪后半期双方斗争得很激烈，结果止贡噶举又被黄教打败。到五世达赖受清朝顺治皇帝正式册封以后，止贡噶举不得不处于达赖喇嘛的管辖之下。大约就是从这时起，止贡噶举也采用了活佛转世制度。止贡噶举这一教派一直延续到新中国成立以后。

达垅噶举的创始人是达垅塘巴扎希贝（1142—1210 年），出生在羊雪崩热登，属扎斯征波家族的鲁格支系，这个支系是当时比较有势力的一个家族支系。达垅塘巴 18 岁时出家，起初学的是噶当派教法，后来到山南地区拜帕木竹巴为师。1170 年帕木竹巴去世后，他又去墨竹工卡跟随噶当派的怯喀巴学法。他曾经反复学习过噶当、噶举两派的教法。1180 年，他在藏北建立达垅寺，达垅噶举支派的名称即由此而来，他本人也因此被称为达垅塘巴。

达垅塘巴所处的时代正是藏族社会向封建社会过渡的时期。他的传记中记载了他调解达尔域和绒两个地方的封建势力的争端，从而使这两个地方的人民归附于他的情况。达垅塘巴生前曾不断把财物和经书送到他的老师帕木竹巴建立的丹萨替寺去，但是这些财物和经书都被他的师弟止贡巴夺去，最后他于 1210 年因心情郁郁而病死。

达垅塘巴在当时被认为是一个“最有德行”的高僧。他死后，由他侄子古叶仁钦衮（1191—1236 年）继任达垅寺的堪布，古叶仁钦衮是个很会经营的人，他不仅把达垅寺治理得很好，而且还以契约的形式，使农奴为他服劳役。据记载，他在短时期里就把他的居民从八十二户增加到五千人。

达垅寺的第三任堪布是桑结雅迥喜饶喇嘛（1203—1272 年），他与八思巴同时。八思巴从北京返藏路过达垅时，曾和他行碰头礼，这在藏传佛教界是地位相等的人所行的一种见面礼，由此可见喜饶喇嘛的地位也是很高的。

喜饶喇嘛死后，他的两个侄子争夺堪布职位，其中的芒噶拉古如（1231—1297 年）因得到八思巴的支持而获胜，正式担任堪布。失败的一个叫桑结温（1251—1294 年），在失败以后于 1276 年到康区的类乌齐建立了一座类乌齐寺（当地俗称扬贡）。这座寺成了达垅噶举在康区的重要寺院，被称为“下寺”，而达垅寺则算作“上寺”。据说最盛时这两座寺院各有僧人三四千人。两寺都采用活佛转世制度，估计是从 17、18 世纪时开始的。

达垅也是元朝分封的十三万户之一，但早期记载十三万户的一些材料中没有达垅的名称，后期的材料中却都有达垅。到明朝时，达垅寺的第九任堪布扎西贝孜（1359—1424 年）曾被明成祖封为国师，接受过银印和诰命，地位比较低。达垅噶举也曾和止贡噶举相互征伐过，这可能和这两个支系的创始人不和有关，不过它们的争战在教派斗争中不占突出的地位。达垅噶举的传承一直延续到了近代，但在黄教的强大压力下，它的势力已是很微弱了。

主巴噶举创始于帕木竹巴的弟子林热·白玛多吉（1128—1188年），形成于林热·白玛多吉的弟子藏巴甲热·意希多吉（1161—1211年），后来又由藏巴甲热的两位弟子洛热巴和郭仓巴分别形成上主巴和下主巴。

林热·白玛多吉生于娘堆（今江孜）地方，属下林麦家族，林热的意思是林家族中一个能穿布衣御寒的人。林热·白玛多吉的父亲是以行医和占卜为业的，林热·白玛多吉幼年时曾把自己的一块土地奉献给惹医师，跟随他学习医道。这说明在12世纪前半期，西藏的土地是私有的，可以作为馈赠送给别人，而在此以前和以后都是不允许的。

林热·白玛多吉在38岁时拜帕木竹巴为师。在此以前，已经出家学佛教，但又娶了妻子。帕木竹巴本来不喜欢娶妻的佛教徒，据说对林热·白玛多吉却又十分喜爱。后来林热·白玛多吉还是把妻子送走了，而在丹萨替寺附近找了一个妇女一起修“大手印”密法，不久这个妇女又被他遗弃。帕木竹巴死后，他便到卫藏地区去云游，曾帮助蔡巴噶举的向蔡巴打过仗，这期间他获得了大量财富。他把财富的一半自己留下，另一半帮助向蔡巴造了一个大佛像，又把得到的全部佛经送到丹萨替寺去。他晚年在那浦寺收徒传教，直到他去世。

藏巴甲热·意希多吉也是娘堆人。娘堆属后藏，故称藏巴，甲是家族名，甲热即是甲氏家族能穿布衣御寒的人。他早期接触过本教、宁玛派和噶举派其他支系的教法，22岁拜林热·白玛多吉为师。为了学佛，他献给林热一匹马，还有茶叶和红糖，并帮助林热修建房屋。他在那浦寺一共学了五年，学会了噶举派的“拙火定”教法。林热死后，他又接触了止贡噶举、蔡巴噶举的一些人，在33岁时从向蔡巴受戒，正式出家。他出家后先在热垅（在江孜境内）地方建热垅寺，后来又在拉萨西南修建了一座“主”寺，主巴噶举即因此得名。主巴噶举起初以“主”寺为根本寺院，后来转到热垅寺。从热珑寺传出来的这一系被叫作中主巴，从中主巴又分出一些支系，其中以上、下主巴比较有名。

下主巴的创始人是洛热巴·旺秋尊追（1187—1250年），他出生于雄地区的扎钦地方，属洛囊家族，故称洛热巴。他16岁跟随在藏巴甲热身边作侍者，两年后因为家里要给他娶妻，他逃到了拉萨附近的觉摩珑寺，但是家里人找到了他。他依照藏巴甲热的指示跟随家里人回到家中。过了不久，当他父亲为他筹办婚事时，他又逃到藏巴甲热处学法，学到了“拙火定”。藏巴甲热死后，他于1241年在雅隆河谷东面修建了一座噶波却珑寺，这座寺成了下主巴的主寺，据说当该寺举办较大法会时，参加者可达一万人之多。洛热巴后来还到过不丹，在不丹的本塘建立了一座塔尔巴林寺，这可能是主巴噶举在不丹建立的最早的寺院。洛热巴死后，由他的侄子杂日哇住持噶波却垅寺，其他弟子分头出去收徒建寺，形成了下主巴这个小支系。

上主巴的创始人是郭仓巴·衮波多吉（1189—1258年），他生于山南洛扎地方，19岁时到热垅寺跟随藏巴甲热出家，在那里学经三年。后来在征得藏巴甲热的同意后，又向止贡巴学密法。他也曾到过热振寺，并曾拜见过达垅塘巴和向蔡巴等人，此后他又回去跟随藏巴甲热。藏巴甲热死后的第二年，郭仓巴开始云游各地，从山南到后藏、阿里的冈底斯山都有他的足迹，他还到过克什米尔和印度的阇达罗（在今旁遮普邦）等地。他在云游七年之后回到热垅寺，当时热垅寺的主持人是藏巴甲热的侄子温热·达玛僧格。郭仓巴在征得温热·达玛僧格的同意后，在后藏协噶尔的郭仓地方建立了寺院，所以被人称为郭仓巴。郭仓巴在佛学方面的知识是很渊博的，他到后藏又接触到希解派的教法，因此在他的教法中，融合了各教派的教法。他晚年就在后藏建寺授徒，由他开始形成了上主巴支系。

郭仓巴的弟子中著名的有两人。一个是羊衮巴·坚赞贝（1213—1258年），他是后藏拉冬地方的人，属东氏家族，他的家族历代都有宁玛派的著名僧人。他5岁时开始学密法，接触过宁玛、噶当、希解、觉宇、萨迦各派的密法。可能是由于他的家族在当地很有势力，他在9岁时就当上了拉冬寺的堪布。他的老师除了郭仓巴以外，还有其他教派的人，如著名的萨迦班智达·噶贡坚赞，也当过他的老师。他建立过一座名叫室利日南定的寺院，他在46岁那年死在这座寺院里。他的门徒很多，据说他讲经时参加听讲的人多达万余人。

郭仓巴另一个著名的弟子是邬坚巴·仁钦贝（1230—1309年），他与噶玛噶举支派关系密切，噶玛噶举黑帽系第二世活佛当过他的老师，他本人又当过黑帽系第三世活佛的老师。他在“时轮金刚”方面继承了藏传佛教中关于“时轮金刚”的三派传承（由卓译师、恰译师、杂弥分别传扬），是当时在“时轮金刚”方面的权威。他还到过邬坚（即邬仗那，在今巴基斯坦斯瓦特河谷），他的传记里有关于他到邬坚求法的旅行记，成为研究这一带古地理的重要资料。又因为他到过邬坚，所以被人们称为邬坚巴。他还曾应元世祖忽必烈的召请，到过北京，给忽必烈授“时轮金刚曼陀罗灌顶”。忽必烈要他留在北京，但他不辞而别，因此没有得到封号和赏赐。

在主巴噶举中还有一个支系叫作南主巴，它主要在不丹境内传播，其领袖后来掌管了不丹的政教大权。他们又和拉达克土王有密切的关系，拉达克土王也是信奉主巴噶举的，而且以当地主巴噶举的领袖人物作为自己的老师。黄教在西藏得势后还曾经因为与主巴噶举的斗争而和不丹发生战争，并且牵涉到拉达克，又引起拉达克和西藏之间的战争，在这里不作详细介绍。

主巴噶举深入民间下层，信徒众多，传布很广，西藏流行的谚语说，“天下人一半是主巴，主巴中一半是乞丐”。生动地反映了主巴噶举的这一特点。

雅桑噶举开始于格丹意希僧格（？—1207 年），他是门隅人，幼年替人放羊，后来拜帕木竹巴为师学法。他有一个弟子叫却闷朗（1169—1233 年），是雅桑噶举真正的创始人，因为雅桑噶举的主寺雅桑寺是他建立的。

却闷朗是藏协地区玛尔木地方的人，属于努氏家族。他幼年出家，向噶当派的怯喀巴学过噶当派的教法，后来拜格丹意希僧格为师。1206 年他在山南乃东西南建立了雅桑寺。第二年格丹意希僧格死，却闷朗就把他的门徒都收罗到自己门下，势力发展得很大。却闷朗活动的范围很广，山南各地的封建主常请他去主持法会。

却闷朗死后，雅桑噶举和当地一个地方势力结合。元朝时雅桑是十三万户之一，虽然势力不很大，但很活跃，14 世纪中叶曾和止贡、蔡巴联合起来共同与帕竹为敌。到 1349 年前后，帕竹绛曲坚赞把雅桑万户灭掉，将其辖地并入帕竹，雅桑噶举从此一蹶不振。黄教兴起后，在帕竹和雅桑这两个地方势力的争斗中，黄教是明显地偏袒帕竹，排斥雅桑的。雅桑地方势力衰亡后，雅桑噶举的教法也逐渐消亡失传了。

绰浦噶举的创始人是帕木竹巴的两个弟子贾擦（1118—1195 年）和衮丹（1148—1217 年）。贾擦意为王甥，这是因他母亲是个小土王的女儿而得名。他出生在夏卜地区的杰地方，属于弩氏家族。他家里有钱，每一代都有学习宁玛派教法的人。他本人在 19 岁前曾拜过 18 位老师，学过包括觉宇派在内的各派教法。而在他一生当中曾先后向 82 个人学过法，其中的帕木竹巴是他主要的老师。约在 1171 年，他遵照帕木竹巴的指示回家乡收徒传教，并在这一年正式出家受比丘戒。他从尚尊温穷手中买得绰浦地方一块地基，在那里盖了一个经堂和一些僧舍，聚集了约二十名僧人作为门徒，后来在此基础上发展成绰浦寺。

衮丹是贾擦之弟，又称衮丹热巴。他曾从后藏给在帕木竹巴处学佛的哥哥送粮，适逢帕木竹巴讲米拉日巴的故事，他很感兴趣，就留在帕木竹巴身边做弟子，而且学有成就。衮丹回家乡时，正碰上一个荒年，据说他用手杖凿绰浦寺门前的土地，并念了咒语，于是从这里生出大量青稞，以之施舍饥民，五天都没有放完，宗教史籍上很赞颂他的“神通广大”，这种说法也正好说明了他是拥有很多钱财和粮食的大富豪。

贾擦和衮丹的弟子就是有名的绰浦译师，他本名楚臣喜饶（1173—1225 年），是贾擦和衮丹的侄子，10 岁出家受沙弥戒，19 岁受比丘戒并开始学习梵文。他先后跟随贾擦兄弟学习佛教显密二宗经论，与萨迦派的关系也很密切，但主要还是学以修定为主的噶举派教法。他又是一个著名的翻译家，曾请过三位印度佛教大师来西藏讲经传教，著名的喀且班钦·释迦室利就是其中之一，他还曾在绰浦寺内修造了一座慈氏大像，成为以后藏传佛教的一个重要圣迹。

绰浦噶举由于绰浦译师的一系列活动而有了一些名气。从他以下四代，绰浦噶举又出了一位有名的人物，即布顿仁钦珠（1290—1364 年），而从布顿仁钦珠又另外形成了一个夏鲁派，此后绰浦噶举就逐渐衰微了。

修赛噶举的创始人是帕木竹巴的弟子结贡·楚臣僧格（1140—1204 年），他出生在山南雅隆，是昌珠土王王族的后代，他 19 岁随帕木竹巴学佛法，1181 年在涅浦地方建立修赛寺。修赛噶举比较重视希解派教法的修习，也有人把它归并到希解派。修赛噶举从一开始就没有多大实力，后来逐渐销声匿迹了。

叶巴噶举的创始人是帕木竹巴的弟子意希孜巴（生卒年不详），他建立叶浦寺，形成此派。据说著名的藏族英雄史诗《格萨尔王传》的主人公格萨尔王曾信奉过这一支派，格萨尔王的后裔又把格萨尔王用的兵器存放在叶浦寺。后来这一支派和其他教派合流，早已湮没无闻了。

玛仓噶举创始于玛仓·喜饶僧格（生卒年不详），他把这一支派的教法传给了意希坚赞和仁钦林巴等人，后来这一支派和康区白玉地方的宁玛派合流，而不复单独存在。

噶举教派的教义是传承应成中观论的，它最主要的教法是讲“大印”。噶举派重视密宗，而且是采取口耳相传的传授方法。藏传佛教认为显宗注重修心，密宗则注重修身。修身是指在呼吸、风息（脉）等生理方面下功夫。主要的内容是从类似“气功”的修炼入手，修到一定的程度能得到一种感受，再把这种感受和用佛教唯心主义哲学训练所得到的某种“境界”结合起来。其中又分若干步骤，大体说来，噶举派是从“拙火定”

入手，从调整呼吸做到全身发热，以至穿单衣就可以抵御严寒，所谓“日巴”就是指修“拙火定”有成就者。修“拙火定”以后,再进一步修“那饶六法”等离奇的教法，最后得到所谓“万有一味”“怨亲平等”“净染无别”的境界。

再进一步地说，通过修“拙火定”，使自己的心（思想）不趋散乱，不起分别，即不去区别善恶，这样持久地修下去，就会得到“禅定”。得到“禅定”以后，再观察一下自己安住于一境的心到底在身内还是在身外，如果寻找的结果是哪里也找不到这颗心了，于是就会明白这颗心并不是一个实有的东西，也就是在这一个本非实有的心上“专一而住”，这就是“大印”修法给人们的最高启示。这种方法也叫“修空性”的方法，也是噶举派最独特的内容。

噶举派还有一个特点，就是把一些人们生活中不如意的事当作修道的“助缘”也就是提倡人们在逆境中忍受和顺从，而且从这里得到磨炼，以利于学法修炼，这自然又是有利于统治阶级的一套说法。

总起来看噶举派的特点，一是分布广。西起阿里，东至康区，全国藏族地区都有它的分布，在元、明两代其势力还到过内地。1959 年以后，噶举派在国外的活动也增多了，目前在印度、尼泊尔、不丹共有 24 座寺院，一千多僧尼，在加拿大、法国、英国、美国也有零星的噶举派寺院。二是派系多。有四大支八小支，这是藏传佛教其他任何一个教派都不曾有过的。三是实力强。历史上噶举派的个别支系直接掌握过西藏地方政权（帕竹噶举），有的间接控制过西藏地方政权（噶玛噶举），有的是独占一方的地方封建势力，对西藏政治有重大的影响，噶举派在经济上的实力也是很强的。最后，噶举派在教法上重视密宗，但显宗也占有一定的地位。

三、其他教派

希解派——觉宇派——觉囊派——觉囊派教义简说——郭扎派——夏鲁派

藏传佛教的各个教派除了前已述及的宁玛、噶当、萨迦、噶举等派以及后面还要重点介绍的格鲁派以外，还有一些比较小的教派。

希解派是从印度僧人帕当巴桑结（？—1117年）传下来的。帕当巴桑结是南印度人，从当时许多印度高僧学到显密教法。据说他先后到西藏来过五次，主要活动于卫藏的南部，教授了不少的门徒。因他设教因人而异，传授的内容也较复杂，所以没有形成一个统一的教派。现在只知道他以修行为主要的教授内容，让门徒们在荒山老林中，或是在坟墓、葬场等一些人迹罕至的地方长期苦修，很少建立寺院。他虽曾于1097年在定日建了一座寺，但这寺也未成为他的教法的一个中心，他也不组织僧人以形成社会上的一派势力。相传帕当巴桑结还到过山西省五台山，但未见过相应的汉文记载。

“希解”从字面上解释，是能寂的意思，也就是能止息，意思是说他们这一派能够依靠对般若性空的认识和一系列的苦行修法，做到停止生死流转，做到熄灭一切苦恼及其根源。

如何做到能寂，按希解派的说法就要去除“我执”。据说帕当巴桑结为了使弟子们懂得什么叫嗔恨心，就设法使他们生气，等到他的弟子们生了气，帕当巴桑结就对他们说，这就是嗔恨心，也就是产生烦恼的根源，甚至采取舍身的做法，以断除烦恼，这是希解派教义的一般情况。

关于希解派教法的传承，藏文史料说有前、中、后三传，即帕当巴桑结在三个时期向不同的藏族人传授了希解派的三种教法。据说前传传给喇穷沃色；中传传给玛·却吉喜饶（1055—？）、索穷·根敦拔（1062—1128 年）、冈·意希坚赞等，从冈·意希坚赞又分出上传和下传；后传传给绛森贡嘎（1062—1124 年）、巴擦贡巴（1077—1158 年）、杰哇登内（1127—1217 年）等。

由于希解派的教徒绝大部分都是在旷野过着简朴的宗教生活，在社会上没有什么势力，和地方政治力量也没有直接的联系，所以到 14 世纪末 15 世纪初时，上述一些传承大部分都失传了。

希解派的一些修行法，曾经为其他教派一些僧人接受，因此在其他教派中也有一些希解派教法的流传，但是希解派作为一个单独的派别到 14、15 世纪时就已经消失了。

觉宇派也是从帕当巴桑结传下来的。相传他在第三次进藏时，把觉宇派的教法传授给交·释迦意希和雅隆·玛热色波。雅隆·玛热色波传下的后辈弟子多为男子，这一系称为“颇觉”。交·释迦意希传授给他侄子交·索南喇嘛，交·索南喇嘛传给他的女弟子劳准玛，从劳准玛开始后辈弟子多为女子，这一系被称为“摩觉”。此外，还有喀饶巴一系的传承。

“觉”意为断，意思是说这一派的教法能够断除人生的苦恼，能够断除生死的根源。“宇”意为地方，即佛家所说的“境”，亦即人们心理活动的对象。佛教徒认为一切烦恼是起惑造业、流转生死的根源。它们产生于人们对认识对象的误解和由此引起的爱憎，因而他们认为用真正的智慧和对一切人的慈悲，可以断除这些烦恼。换言之，他们认为他们这种教法是有断除人们由于不能认识所面对的对象（境）而生起种种烦恼的功用的，所以这种教法名叫“觉宇”。还有的人把“觉宇”的“觉”理解成“行”。“行”是指思想对所认识的事物的分析、判断等活动。

觉宇也就是说他们的“般若空性见”和慈悲心等，对所认识的境界有把错误的认识转化为正确的认识的功能。但是比较常见的说法，“觉宇”是断除烦恼的意思。

觉宇派与希解派不仅有共同的教祖，而且教义也差不多。它除了主要传授显宗的般若教义外，也有密宗的内容，主张苦修苦炼，像劳准玛的弟子往往夜半到山上去受苦，进行念经、修炼等活动。觉宇派流传的时代大致是 11 世纪末期以后。它与希解派一样，由于缺乏强有力的经济后盾，组织松散，因而没有出现过繁荣兴旺的局面，到 15 世纪以后便逐渐失传了。 它的教义中的一些内容，后来也为其他一些教派所吸收，融入其他教派之中。

觉囊派的渊源，可追溯到域摩・弥觉多吉（约 12 世纪初叶时人）。他曾向许多人学习过时轮金刚和密集，后来创立了“他空”的见解，这是觉囊派独特的见解。据说域摩・弥觉多吉活了 82 岁。

域摩・弥觉多吉的五传弟子衮邦突结尊追（1243—1313 年）在拉

孜东北建立了觉摩囊寺，简称觉囊寺，这一教派即因此得名。突结尊追的弟子叫凯尊云丹嘉措（1206—1327年），是学习卓译师传授的“时轮金刚”的一位法师，他曾到过北京。他的弟子叫笃补巴（1290—1361年）。到笃补巴时，觉囊派才兴盛起来，而笃补巴又是从萨迦派学来的教法，所以有的人说觉囊派是14世纪初叶时从萨迦派分出来的。

笃补巴原名喜饶坚赞，因他出生在笃补地方，所以被称为笃补巴。他早年在萨迦寺讲经，讲的内容包括噶当派的《入菩提行论》。因萨迦寺禁止讲授其他教派的经书，所以得罪了萨迦派的上层，于是他就离开萨迦，在前后藏各大寺云游。他31岁时到觉囊寺，向凯尊云丹嘉措学习有关“时轮金刚”等内容，35岁时就继任了觉囊寺的寺主。笃补巴的著作很多，除了论述“他空见”之外，还有许多有关密宗、历算等方面的著作。他的弟子也不少，据说经常跟随他的就有两千多人。觉囊派在笃补巴时比较兴盛，但是在他以后的一段时间没有什么起色，也没有什么著名的僧人出现。

到16世纪后期至17世纪初，觉囊派又出了一个有名的人物，即多罗那他（1575—1634年）。约在16世纪晚期，觉囊派改为活佛转世相承。据藏文史料记载，觉囊派僧人衮噶卓乔死后的转世就是多罗那他。多罗那他原名叫衮噶宁波，出生于卫藏交界处的喀热琼尊地方，相传是嘉译师的后代，幼年在觉囊寺学经，30岁时受比丘戒。1608年他著了一部《印度佛教史》，其主要材料是从西路进藏的印度人的口述中得来的。这部著作以讲述印度佛教晚期历史而知名于世。由于印度缺乏历史文献记载，这部《印度佛教史》便成为研究印度佛教历史的重要资料，被译成几种外文，在印度本国也有一定的影响。除此以外，多罗那他还著有其他一些书籍。

本来，觉囊派是受拉堆绛地方势力支持的，到16世纪后期拉堆绛地方势力衰落后，觉囊派又受到第悉藏巴的支持。第悉藏巴·彭措南杰在1612年以武力统治后藏，到1618年又以武力控制了前藏，他和他的儿子第悉藏巴·丹迥旺布都是支持觉囊派的。由于他们的支持，再加上多罗那他的声望，所以觉囊派在这期间又出现了一个比较兴旺的局面。

1614年，多罗那他在觉囊寺附近创建了一座达丹彭措林寺。建寺后不久，外蒙古喀尔喀部的统治者派人来西藏迎请高僧到外蒙古去传教（当时外蒙古已有属萨迦派的寺院），第悉藏巴为了扩张自己的势力，请多罗那他去蒙古传法。多罗那他到外蒙古后，在库伦（今乌兰巴托）一带活动了大约二十年，得到喀尔喀部汗王的信奉和支持，尊称他为哲布尊丹巴，他在外蒙古建立了不少寺院。1634年多罗那他死去，恰好1635年喀尔喀部土谢图汗的王妃生了一个儿子，一些蒙古汗王就把这个孩子认定为多罗那他的转世，这就是哲布尊丹巴一世。1649年哲布尊丹巴一世进藏学经。当他学业结束准备返回外蒙古时，痛恨觉囊派的五世达赖已经掌握了西藏地区的宗教大权，便勒令哲布尊丹巴一世改奉黄教，否则不承认他的活佛身份和他在外蒙古的宗教地位。迫于五世达赖的权势，哲布尊丹巴一世只好接受了这些条件。于是五世达赖加给他“哲布尊丹巴呼图克图”的尊号，紧接着外蒙古地区普遍地改信了黄教。

与此同时，五世达赖还运用他的权势在西藏把觉囊派的经书和经版全部没收，封存起来，只有多罗那他的《印度佛教史》和其他一些零星著作除外。还把达丹彭措林寺改名为噶丹彭措林，把它改成一座黄教寺院。由于五世达赖把觉囊派看作是黄教的敌对派别，对它施加巨大的压力，觉囊派很难流传下去。因此，从 17 世纪后半期起，觉囊派就已经不复存在了。

觉囊派提倡的佛教观点是“他空见”。这种“他空见”认为，事物有它的真实体性，也就是说，世间一切事物的本质，是一种至高无上的真谛，这个真谛是永恒不变的，因此不能认为事物本身是“性空”的（这和唯识派提倡的“胜义谛有”有些相似），只是由于人们在认识上增加了一些“虚妄分别”的成分，才使得人们无法认识这事物的真实体性，而只认识到一些虚妄的表面的东西。因此，所谓“性空”，不是事物的本体。事物的“本真”，是事物的“自”，加在事物身上的“虚妄分别”是事物的“他”，因此说“性空”只能说是“他空”，而不能说是“自空”。觉囊派的这种说法是和藏传佛教其他派别，特别是和黄教的观点相对立的，但是和印度教中的一个叫作“湿婆派”的派别的说法很有共同点，所以藏传佛教各派都极力驳斥“他空见”的见解，认为它是异端邪说，不是正宗的佛教。

郭扎派的创始人是郭扎巴·索南坚赞（1182—1261 年），他与萨迦班智达同时，他曾向喀且班钦·释迦室利学过佛教，还向当时一些有名的佛教界人士学过佛法，后来他在江孜的郭扎地方建立了郭扎寺。郭扎巴·索南坚赞是当时一个著名的高僧，他的门徒很多，但他的门徒并没有把他的学说发扬光大。他的学说在其他教派中都有一些，但是哪一派也包括不了他的学说。因此有的人把郭扎派算作一个单独的教派，有的人不把它当作一个独立教派，后来郭扎派也就不存在了。

夏鲁派又叫布顿派。他的创始人是西藏著名的佛教大师布顿·仁钦珠（1290—1364 年）。他的佛学知识广博，写了不少关于佛学和历史的著作，他的全集有二十六函，共两百多种书。在藏传佛教史上，有两件最著名的关于他事迹的记载：一件是他是藏文大藏经《丹珠尔》目录的编纂人，后来《丹珠尔》的几种版本，基本上都是根据他编订的次序刻印的，另一件是他在 1322 年写了一部佛教史，通常译作《布顿佛教史》或《善逝教法源流》。这部书有一半的篇幅是讲佛教在印度、尼泊尔传播的历史，还有一半篇幅是记述佛教在藏族地区的发展情况，包括藏传佛教“后弘期”初期的历史，最后还有一部分是《甘珠尔》《丹珠尔》的总目，这是研究藏传佛教史的主要参考书之一。

布顿·仁钦珠在早期除了学绰浦噶举的教法外，还学习过噶当、萨迦等派的教法。他在成名以后，受到日喀则东南的夏鲁地方的封建领主的支持，把他请到夏鲁寺去做寺主，这样，夏鲁寺的名声就扩大了，有的人把布顿·仁钦珠传下来的教法称为夏鲁派。而夏鲁寺原来和萨迦派的关系比较密切，它们相距不远，萨迦派又是一个占优势的教派，所以又有人把夏鲁派算作萨迦派的一个支派。

布顿·仁钦珠有不少弟子，其中有几个还曾当过宗喀巴的老师。元朝的末代皇帝元顺帝曾经邀请布顿（元人译作卜思端）到北京去，可是布顿没有奉诏进京。他在藏传佛教历史上有一定的影响，但是在政治上没有什么势力。

四、佛教著作的翻译和整理

"后弘期"著名的译师——藏文《大藏经》的编辑——藏文《大藏经》的版本和内容——藏文《大藏经》对其他民族文字《大藏经》的影响

在吐蕃时期，已经有不少的佛教经典被译成了藏文，到了"后弘期"，佛教经籍的翻译和整理又重新得到发展，在规模和数量上都超过了吐蕃时期。

在"后弘期"中最负盛名的译师是仁钦桑布，他是"后弘期"的译师中最早的一个前辈。和他同时的还有一位玛·雷必喜饶，但名气远远赶不上仁钦桑布。仁钦桑布和玛·雷必喜饶又被称为洛钦和洛穷，即大译师和小译师。

在仁钦桑布之后，有所谓四大译师的说法，即卓、玛、桂、俄四大译师。除这四大家之外，还有年、热、嘉、绰浦等人，也都是当时有名的译师。他们的具体情况在以上各讲中已分别作了介绍。

在11世纪到12世纪期间，先后从事翻译佛教经典的人，仅知名的即有三百多人，由此可见译经的规模。另外，吐蕃时期翻译的佛经，虽然在朗达玛“禁佛”时遭到了巨大的损失，但是仍然保留了一部分。佛经的数量多了，自然就有对所有译出来的佛教经籍分类整理和编排目录的必要，于是编纂藏文《大藏经》总目录的任务被提上了日程。

藏文《大藏经》和汉文《大藏经》不同，汉文《大藏经》分为经、律、论三个部分，即通常所说的“三藏”。所谓经，是指佛所说的话语由弟子记下来的部分；所谓律，是僧徒所应守护之法，即通常说的戒律；所谓论，是指后来的大师们对经所作的注释或是对佛教教理所作的说明和发挥。藏文《大藏经》虽然基本上也是这三部分，但它分为两部，一部分是《甘珠尔》，一部分是《丹珠尔》。《甘珠尔》包括经和一部分律，《丹珠尔》包括论和一部分律，虽然内容上也是经、律、论“三藏”，但是在具体安排上有所不同。藏文《大藏经》的《甘珠尔》部分的目录是蔡巴·贡噶多吉编纂的，《丹珠尔》部分的目录是布顿·仁钦珠编纂的。

从版本上看，藏文《大藏经》的版本很多，部数也不一致，例如有纳塘版、北京版、德格版、拉萨版、卓尼版、理塘版（刻于云南中甸）等，不丹的普那卡也有一版。1683年的北京版，《甘珠尔》计1055部，《丹珠尔》计3522部，共计4577部。1730年的德格版《甘珠尔》计1114部，《丹珠尔》计3559部，共计4673部。从藏文《大藏经》版本和部数之多，也可以想见它在藏族地区传播的广泛和影响的深远。

藏文《大藏经》的《甘珠尔》和《丹珠尔》的内容分类情况如下：

《甘珠尔》（德格版）：

1. 律部；2. 般若；3. 华严；4. 宝积；5. 经部；6. 续部（密宗经典怛特罗）；7. 总目录。

《丹珠尔》（德格版）：

1. 赞颂；2. 续部；3. 般若；4. 中观；5. 经疏；6. 唯识；7. 俱舍；8. 律部；9. 本生；10. 书翰；11. 因明；12. 声明；13. 医方明；14. 工巧明；15. 修身部；16. 杂部；17. 阿底峡小部集；18. 总目录。

《丹珠尔》中的类别虽然较多，但其实不外乎是印度和西藏的一些佛教徒，对于佛教教理和哲学的论述作品，其中也有一些关于文法、诗歌、艺术、逻辑、历算、天文、医药等方面的作品，不完全是宗教经典方面的内容。

虽然各种版本的藏文《大藏经》的《甘珠尔》《丹珠尔》的部数不同，内容也有差异，特别是《丹珠尔》部分，在后期的版本中，又陆续增加了一些新的内容，但是它们主要的部分还是蔡巴·贡噶多吉和布顿·仁钦珠在14世纪中叶分别整理目录时就已经有了的那些内容。

最后，我们谈藏文《大藏经》对其他民族文字《大藏经》的影响。

汉文《大藏经》成书时间比藏文《大藏经》早，在唐朝时就已编成，到宋朝时第一次刻了版。藏文《大藏经》的目录是在14世纪中叶编成的，但是藏文《大藏经》的基本内容在14世纪中叶以前就有了。藏、汉文的《大藏经》曾经在元世祖忽必烈时进行过一次相互校勘，校勘以后互相作了补充和修订。如汉文《大藏经》缺乏密宗的内容，便由藏文《大藏经》中译出加以补充。藏文《大藏经》也吸收了汉文《大藏经》的一些内容，共计740部之多。

把藏文《大藏经》翻译成蒙古文是在元代1294年到1307年间开始的。到明代末年四世达赖时察哈尔部的林丹汗把《甘珠尔》全部译成蒙古文。清朝初年，由章嘉呼图克图把全部《丹珠尔》译成蒙古文，并加以刻印。章嘉呼图克图还著有一部蒙古、藏、汉三种文字对照的字典，名叫《贤者之源》，也是一部沟通藏、蒙古、汉族文化的著作。

把藏文《大藏经》译成满文是在1790年即清朝乾隆皇帝晚年完成的。参加这项工作的藏族学者有《善说诸宗源流晶镜史》的作者土观·罗桑却吉尼玛。

第五章

藏传佛教格鲁派（黄教）的兴起和发展

一、格鲁派兴起的社会背景

14 世纪的卫藏社会——黄教得以兴起的原因——宗喀巴的家世——宗喀巴在西藏的学经活动

格鲁派是藏传佛教各教派中最后兴起的一个大教派，它兴起于 15 世纪初叶。与其他教派不同，它是在其他教派充分发展以后才出现在藏族社会上的，而且势力迅速扩张，很快就取代了其他各教派的地位，成为在藏族社会上长期占统治地位的一个教派。15 世纪以后的西藏历史是与格鲁派的历史密不可分的。因此，在以后的篇幅中，我们主要以格鲁派的历史为线索，介绍后期藏传佛教的概况。

格鲁派这个教派是在宗喀巴进行的“宗教改革”的基础上建立起来的。宗喀巴的“宗教改革”并不是由于少数佛教僧人的主观愿望而开展起来的一个运动，它具有深刻的社会历史背景，是宗喀巴针对 14 世纪后半期到 15 世纪初叶藏族社会的实际情况，以及藏传佛教界出现的一些弊端而发起的一场改良西藏佛教的运动。

藏族社会到 13 世纪初叶时，已经普遍确立了封建制度。从 13 世纪初到 14 世纪末这 200 年，是藏族封建社会进一步获得发展的历史时期。在这一时期，先是元朝统一了西藏，分封十三万户，扶植萨迦地方政权。元朝衰落后，强大的新兴封建主势力帕竹·绛曲坚赞兴起，于 1348 年灭掉蔡巴，1350 年灭掉止贡，最后在 1354 年攻下萨迦寺，取代了萨迦地方政权，建立起控制西藏大部分地区的帕竹地方政权。史籍记载帕竹·绛曲坚赞对忠于他的贵族分封谿卡，使封建等级制度进一步完善。他还整修了四个宗，新修了十三个宗。宗原义为城堡，这时已成为帕竹政权的地方统治机关。另外，帕竹地方政权注重发展庄园制度下的农副业生产，植树造林，整修驿路交通，创立“十三法”。这些措施使得封建经济有了发展，封建制度也得到加强。因此，格鲁派是在封建社会进一步获得发展的特定历史条件下创立的。

随着封建制度的普遍确立，藏传佛教的一些教派也得到了发展。萨迦、噶举等教派先后达到了它们权势极盛的阶段，这些教派的上层僧人直接参与掌握政治、经济权力的活动，他们享有特权，免税免差，积聚财富，追逐利禄；有的还饮酒作乐，蹂躏妇女，欺压百姓，横行不法，为了争权夺利，各教派之间还经常发生争斗。史籍记载，到 14 世纪后期，藏传佛教各教派由于戒律废弛，僧人腐化，出现了“颓废萎靡之相”，换言之，即一些原来占统治地位的教派渐渐丧失民心，走向衰落，丧失了宗教的号召力量和帮助封建统治阶级进行统治的功能。在此情况下，封建统治阶级逐渐认识到需要有一个有号召力量的能帮助自己进行统治的新教派来代替那些已经颓废的旧教派，这是统治阶级支持宗教改革的原因。另一方面，人民群众虽然厌恶那些不守戒律、胡作非为的僧人中的权势分子，但是由于他们还是具有信仰宗教的思想前提，因此当宗喀巴出来提倡佛教僧人应斩断与世俗社会的联系，严守戒律，过僧人的宗教生活时,他的这些号召与标榜是能够得到群众的支持的。宗喀巴的“宗教改革”能够收到成效，并在此基础上创立格鲁派，其原因也在这里。

宗喀巴（1357—1419 年）本名罗桑扎巴，出生在今青海省湟中塔尔寺地方。包括西宁、湟中在内的青海东部湟水流域，在吐蕃时期就被藏族称为宗喀。宗喀巴成名以后，藏族人民为了表示对他的尊崇，不愿直呼他的名字罗桑扎巴，而尊称他为宗喀巴，还有的人尊称他为杰仁波且（意为宝贝佛爷）。

宗喀巴的父亲是元朝兼管当地军民政务的官员——达鲁花赤，是一个有实力的地方官员。宗喀巴 3 岁时，正赶上噶玛噶举黑帽系四世活佛乳必多吉从西藏路过青海到北京去，宗喀巴的父亲就带着他去和乳必多吉相见，并给宗喀巴授了近事戒，从这里我们知道宗喀巴最早是和噶玛噶举教派发生关系的。

宗喀巴 7 岁时，在西宁正南偏西黄河北岸的一个小寺——甲琼寺正式出家，他的老师是该寺寺主，当地著名的噶当派僧人顿珠仁钦（1309—？年）。顿珠仁钦曾去卫藏学过经，他不仅在西宁一带有名，就是在卫藏也是比较有名望的一个高僧。

宗喀巴向顿珠仁钦学了九年佛教，在佛学方面打下了比较坚实的基础。以后，他在 17 岁时到卫藏地区去学经。这是藏族地区的一个传统，不论家乡在哪里，学佛学到一定阶段，必须到卫藏去深造，另一方面也是去朝拜藏传佛教的圣地拉萨。

宗喀巴到卫藏后的第一个目的地是第瓦巾寺（在拉萨西南郊），这是座噶当派的寺院，也是顿珠仁钦的母寺。宗喀巴在那里住了不到两年，

1375 年他就到萨迦去投奔当时著名的萨迦派僧人仁达哇·宣奴罗追。仁达哇·宣奴罗追在佛教观点上属于应成中观派，这对以后宗喀巴的影响是很大的。

宗喀巴在卫藏地区学经，总的来说是先显后密。他从 1373 年到 14 世纪 80 年代初，用了近十年的时间学显宗，各教派的内容几乎都接触到了，以后他又转入系统地学习密宗。教他学密宗的老师中比较有名的一个是布顿·仁钦珠的弟子却吉贝。到 14 世纪 80 年代末，宗喀巴把藏传佛教显密宗各派的教法几乎全部系统地学了一遍。

宗喀巴早期的宗教社会活动，是和他的学经交织在一起的，在他接触各家各派的佛教内容时，就已经和有关的佛教界人士发生了接触。

1385 年，宗喀巴在雅隆地区的南杰拉康寺从楚臣仁钦受比丘戒。此后，他就经常给别人讲经，到 1390 年左右，据说他已能够讲十七部经，包括了大乘显宗各派的代表著作，而且不发生混乱和遗漏，当时的人对此都表示钦佩，认为这不是一般人的才智所能达到的，宗喀巴的声望也从此越来越高。

大约从 1388 年开始，宗喀巴改戴桃形尖顶的黄色僧帽，这种帽原名“班霞”，在印度只有获得班智达称号的人才能戴，但颜色不是黄的。在藏传佛教史上只有两个人戴过黄帽，一个是喇钦·贡巴饶赛，另一个是喀且班钦·释迦室利，这两个人都是以重视戒律闻名的，宗喀巴戴上黄帽，也是表明他是以重视戒律来作号召的。

宗喀巴受比丘戒以后，开始在卫藏地区招收门徒，讲经传教，慢慢地有一批僧人追随他，但是初期他的门徒并不多，到 1396 年时也只有三十多人。

二、格鲁派的创立

宗喀巴的“宗教改革”活动——拉萨的祈愿法会——甘丹寺的建立——格鲁派的名称

从1400年到1409年，这十年可以算作是宗喀巴积极推行“宗教改革”活动的时期。

1400年春，宗喀巴在拉萨西郊的噶瓦栋寺（这座寺后来成为西藏专管雨水的降神人——噶东却窘的寺院）给450多人讲大乘戒律方面的一些内容。在此以前，藏传佛教在戒律方面一直遵从吐蕃王朝赤松德赞的规定，戒律的传授都是由小乘佛教的“说一切有部”的人来传授。宗喀巴从这时起改讲大乘戒律，原因在于当时藏传佛教各教派的僧人都不愿受比丘戒的约束，理由是他们都是学大乘佛教的，不该用小乘佛教的戒律来约束他们，其实这不过是一种借口。这种情况在当时已经形成一种习惯势力，如果勉强用比丘戒来约束僧人，是会有困难的，所以宗喀巴就改用大乘戒律来说教，意思是说不管学显宗还是学密宗，都须遵守僧人应该遵守的生活准则，要受戒律的限制。宗喀巴提出，如果僧人的生活不受戒律的约束，那僧人和俗人又有什么区别呢?

在大力提倡严守戒律的同时，宗喀巴又通过著书立说为“宗教改革”建立理论基础。1401 年，他开始写作他的第一部重要著作《菩提道次第广论》，到 1402 年完成，1406 年他又写成他的另一部重要著作《密宗道次第广论》。宗喀巴还有其他许多著作，但这两部书是他的代表作，体现了宗喀巴的思想体系，也是他创立格鲁派的理论基础。

对宗喀巴的“宗教改革”支持得最积极，给予援助最多的是帕竹地方政权。虽然帕竹政权的掌权者是噶举派，而宗喀巴当时算是噶当派，但是宗喀巴提倡的那一套，对恢复藏传佛教在人民群众中的号召力，加强藏传佛教作为统治阶级统治人民的思想工具的功能，是有好处的，因此,帕竹地方政权对宗喀巴的“宗教改革”还是采取了支持的态度。同时，由于宗喀巴佛学知识渊博，在当时佛教界有很高的声望，而他的追随者还没有形成能与其他教派相抗争的政治经济力量，因此，宗喀巴的“宗教改革”也没有遇到来自其他教派的反对和敌视。

在帕竹地方政权的掌权人，明朝册封的阐化王扎巴坚赞和内邬宗（今拉萨西郊）宗本南喀桑布及其侄班觉桑布的大力支持下，宗喀巴于 1409 年的藏历正月间，在拉萨发起了一个大型的祈愿法会。这个祈愿法会藏语为“默浪钦摩”，汉语称为传大召或传召大会。这一年从各地来到拉萨参加法会的僧人有一万多人。这是一次不分教派，不分地区的藏传佛教徒的大集会，声势之大是过去所没有过的。宗喀巴能够发起这样一个大法会，说明这时他已经被公认为藏传佛教界的一个领袖人物。

在这次法会以后，宗喀巴又在帕竹地方政权属下的贵族仁钦贝和仁钦伦布父子的大力资助下，在拉萨以东偏北三十公里的地方创建了一座寺院，命名为甘丹寺，全名为甘丹南结林。这座寺院有两个显宗扎仓，一个叫绛孜，一个叫夏孜，后来规定全寺僧人定员为三千三百人。这座寺后来与哲蚌、色拉二寺合称为格鲁派在拉萨的三大寺。在建立甘丹寺以前，宗喀巴进行“宗教改革”并没有固定的寺院作为基地。甘丹寺的建立，标志着宗喀巴及其追随者以独立于其他教派的姿态出现在藏传佛教界。再加上建寺这一年还有拉萨祈愿法会这件大事，因此，我们把1409年作为格鲁派创建的一年。

甘丹寺建立后，宗喀巴和他的弟子们经常住在这座寺里，因此有人把他们叫作甘丹寺派，他的宗教理论称为甘丹必鲁，简称为甘鲁派，后来这个词变成为格鲁派，意思是善规（或善律）派，这是从该派倡导严守戒律而来的。此外，还有的人称他们为新噶当派，因为宗喀巴原来的师承出于噶当派，而且在他的教派创立后，噶当派就合并到他的教派中来，不再单独存在了。宗喀巴的教派又俗称为黄教或黄帽派，这是因为宗喀巴和这一派的僧人戴黄色的僧帽，黄教的名称不仅是汉人这样称呼，清代官书中也称格鲁派为黄教，就是在藏族内部也有把格鲁派称为黄帽派的。本书有时也采用黄教这个名称。

三、格鲁派势力的发展与达赖、班禅活佛系统的建立

宗喀巴重要门徒的宗教活动——格鲁派重要寺院的建立——格鲁派发展的几个特点——黄教采用活佛转世制度的开端——根敦嘉措时期的黄教——索南嘉措时期的黄教——云丹嘉措时期的黄教

“宗教改革”运动是由宗喀巴和他的门徒们共同努力才得以完成的。宗喀巴1419年去世时，黄教的僧人已有几千人之多。他的一些重要门徒，不仅在黄教的历史上占有重要地位，就是在整个藏族历史上也占有一定的地位。本节着重介绍一下宗喀巴创教时期，他的几个重要门徒的事迹。

贾曹杰（1364—1432年）。贾曹是国王代理人的意思，杰是尊贵的意思，因为他是宗喀巴最大的门徒，宗喀巴死后由他接替了法位，所以他被尊称为贾曹杰，意思是“接替宗喀巴法王地位的人”。贾曹杰本名达玛仁钦，起初他也是仁达哇的门徒，以擅长辩论著名。他与宗喀巴本来应是师兄弟的关系，但是当他发现宗喀巴在佛学方面的确比他懂得深透得多的时候，就心悦诚服地拜宗喀巴为师，由过去的师兄弟变成了师徒关系，这是1397年左右的事。

贾曹杰追随宗喀巴之后，积极参加了“宗教改革”的活动。建立甘丹寺的时候，他出了不少力，因此，甘丹寺往往被说成是宗喀巴和贾曹杰共同主持建立的。宗喀巴 1419 年在甘丹寺去世时，将自己的衣帽传授给贾曹杰，于是贾曹杰继承了甘丹寺寺主的法位。甘丹寺寺主在藏语中称为甘丹赤巴，又被尊称为赤仁波且，在藏族社会中享有很崇高的地位，实际上是黄教的教主。宗喀巴被认为是甘丹赤巴的始祖，而贾曹杰算是第一任甘丹赤巴。贾曹杰任甘丹赤巴达 11 年之久，他在这期间继承宗喀巴的宗教传统，大力宣传黄教教义，尤其注重维护戒律，因此，宗喀巴的门徒们都把他当作宗喀巴一样地尊敬。1430 年贾曹杰把甘丹赤巴的法位传给了宗喀巴的第二位大门徒克主杰，两年后他就去世了。

克主杰（1385—1438 年）。“克”是说他显宗学得精通，“主”是说他密宗修得有成就，这个名字也是个尊称。他的本名叫格雷贝桑，原来也是仁达哇的门徒，1407 年仁达哇把他推荐给宗喀巴，从此他成为宗喀巴的仅次于贾曹杰的门徒。贾曹杰任甘丹赤巴时，克主杰到江孜的乃宁寺去传播佛教，直到 1430 年回甘丹寺做第二任甘丹赤巴。后期黄教寺院集团形成后，建立班禅活佛系统时，克主杰被格鲁派上层僧侣追认为一世班禅。

宗喀巴和贾曹杰、克主杰三人，被藏传佛教徒尊称为“师徒三尊”。我们在参观格鲁派寺院时，经常见到有三尊塑像在一起，都是头戴桃形黄色僧帽，当中的一尊是宗喀巴，他的右边是贾曹杰，左边是克主杰。他们三人的著作，被编成全集，内容主要是阐明黄教的教义。这部全集有拉萨版（三十八函）、日喀则版（三十六函），其中以宗喀巴的著述最多，克主杰次之，贾曹杰最少。

绛央却杰（1379—1449 年），这也是个尊称，意思是妙音法尊。他本名扎西贝丹，出身于桑耶地方的一个大农奴主家庭。据说他幼年很聪明，在帕竹噶举学显宗的大寺院泽当寺出家，后来他又到桑浦寺、觉摩垅寺学习过，最后又回到泽当寺。绛央却杰是跟随宗喀巴师徒受比丘戒的。据说绛央却杰擅长于背诵佛经，但是对于佛学的理解并不是最好的，宗喀巴与其说是欣赏他的聪明，莫如说是注意到他出身于富豪之家，结交的朋友也都是当时有钱有势的人。当宗喀巴建立甘丹寺以后，又命绛央却杰另外再建立一座寺院。绛央却杰和内邬宗宗本南喀桑布交往密切，他在南喀桑布的支持下在拉萨以西五公里的北山山坡上修建了哲蚌寺。建成的年代是 1416 年，建成后宗喀巴为表示重视，曾亲往主持“开光”的仪式。

哲蚌寺的全名是“吉祥米聚十方尊胜洲”，简称为哲蚌寺。哲蚌意为米聚，是象征繁荣的意思。初建立时该寺有七个扎仓，后来逐渐合并为四个扎仓，即共茫、罗色林、德央、阿巴四个扎仓，其中前三个是显宗扎仓，后一个是密宗扎仓。哲蚌寺规模宏大，房屋众多，建寺初期僧人就不少，1419 年宗喀巴死前不久，还到过哲蚌寺，当时僧人已有两千多人。后期该寺僧人定员是七千七百人，但是灵活性较大，有时多于定额，有时少于定额。哲蚌寺建成后，绛央却杰就当了该寺寺主，一直到他去世。

绛钦却杰（1352—1435 年），即明朝册封的大慈法王的意译。他本名释迦也失，是经常代表黄教和其他民族的统治阶级打交道的人物。1413 年至 1414 年间，明朝永乐帝派专人去拉萨迎请宗喀巴进京，当时宗喀巴一方面考虑到黄教正是创教初期，自己作为教主不便离开，另一方面又考虑到需要争取中央政权对自己教派的支持，以扩大黄教的影响，于是他派遣绛钦却杰作为自己的代表到北京去。1414 年，永乐帝封绛钦却杰为“西天佛子大国师”。他返回西藏后，于 1418 年在拉萨北郊七八公里的山脚下修建了色拉寺。

色拉有两种解释：一种说法说是雹子，据说在建寺时曾降冰雹；另一种说法是野生蔷薇花生长的地方。前一种解释更为普遍些。色拉寺还有一个正名，叫作大乘洲（音译泰青林），不过人们知道这个名字的不多，叫的人也不普遍。该寺初期有五个扎仓，后来归并成三个，即结巴、麦巴、阿巴扎仓，前两个是显宗扎仓，后一个是密宗扎仓。后期规定该寺僧人的定员是五千五百人，是仅次于哲蚌寺的黄教第二大寺。寺中存有绛钦却杰从北京带回金三十书写的藏文《大藏经》一部和旃檀木雕十六尊者像一套。

绛钦却杰建立色拉寺后，又到北京去过，1434 年明宣宗封他为大慈法王，他的绛钦却杰的尊号也是由此得来的。关于绛钦却杰，还有两点应该指出：一是内地和蒙古一些地方的黄教最先是由绛钦却杰传来的，据说山西五台山有五座黄教寺院，是绛钦却杰修建的。第二是黄教与明朝建立关系也是从他开始的。一直到现在色拉寺正殿的四面墙壁上还有绛钦却杰两次到内地传播黄教，受到明朝皇帝封赠的一些壁画。他的这些活动，从沟通藏汉、藏蒙民族关系的角度看，是起到过一些有益的作用的。他临终前，还以 80 多岁的高龄往返于条件艰难的西藏到内地的驿路上，最后，他死在回藏的旅途中。

根敦主（1391—1474 年），他是宗喀巴弟子中年纪最小的一个，有人考证他是宗喀巴的外甥，根据不见得确凿。他是后藏萨迦附近一个牧区的人，家庭出身并不寒微，不过他出生以后，家道衰落下去了。幼年时他曾经帮助家中放牧过羊群，15 岁时在纳塘寺出家，20 岁时受比丘戒。1415 年他投到宗喀巴门下当弟子，后来又跟贾曹杰、克主杰学习过。1447 年，他在日喀则附近修建了扎什伦布寺。这座寺是在帕竹政权的桑主孜（即今日喀则）宗本穷结巴·班觉桑布的支持下修建起来的，建成以后，根敦主就做了扎什伦布寺的寺主。

扎什伦布寺是黄教在后藏地区最大的寺院，它和拉萨三大寺合称为黄教四大寺。该寺的规模也很大，全寺起初设立了三个扎仓，都是显宗的，即吉康、妥桑林、夏孜等三个扎仓，后来又增加了一个密宗的阿巴扎仓，僧众按后来定额是四千四百人。

根敦主在格鲁派中的地位是很高的，还在他修建扎什伦布寺以前的 1438 年克主杰去世时，他就被推举为接任第三任甘丹赤巴的人选，但是当时他正在后藏筹备建寺传教的事情，因此他没有接受这个职务，而是举荐了一个名叫雷必喜饶的人去做第三任甘丹赤巴。由于这些原因，尽管他是扎什伦布寺的建立者和寺主，后来在建立达赖活佛转世系统时，他还是被黄教上层追认为第一世达赖喇嘛。

从以上宗喀巴的五位主要门徒的活动以及几座举世闻名的黄教大寺院的修建情况来看，黄教的发展速度是非常之快的，仅是几十年的时间，黄教势力就大大扩展了，一批主要的寺院建立起来了。这说明黄教从一开始就有适合它发展的社会条件和环境，同时黄教本身的能量也是很巨大的。

除了以上五个人以外，还有几个需要介绍的宗喀巴的门徒或再传门徒，他们的重要性虽稍逊于上面的五个人，但是也有一定的代表性。

堆·喜饶桑布，阿里人，他向宗喀巴学习了一段时间佛法以后，回到后藏、阿里一带，在芒域（今吉隆县）建立了达摩寺。他的侄子喜饶巴，在阿里建立了敕巴寺。从这以后，阿里地区的一些过去“上路弘法”时遗留下来的老寺院，如托林寺等，也都被黄教势力渗透了进来。从 15 世纪后半期开始，黄教在阿里地区也得到了广泛的传播。

麦·喜饶桑布，他与上面的堆·喜饶桑布同名，又差不多同时期，所以在他们的名字前冠以表示家乡方位的堆、麦（上、下）以示区别。他是康区人，原在色拉寺学经，并曾在色拉寺讲经。后来他回到昌都，大约在 1437 年，建立了强巴林（慈氏洲）。他死以后，宗喀巴另一个门徒沃贝多吉的弟子帕巴拉继承了他的法位，后来帕巴拉成了昌都强巴林寺最大的转世活佛。帕巴拉有几个弟子后来也都成了强巴林寺的转世活佛，即是俗称的二活佛、三活佛、四活佛等，帕巴拉的传承一直延续至今。

喜饶僧格，后藏人，以发展密宗寺院著名。他除了向宗喀巴学习佛法外，也向贾曹杰学习过，重点学习的是密宗经典。1419 年，绛钦却杰向宗喀巴提出修建专门学习密宗经典的寺院的建议，宗喀巴表示赞同，并询问诸弟子，有谁愿意承担这项任务，起初，没有人敢于承担，宗喀巴连问了三次，这时喜饶僧格表示愿意承担，于是宗喀巴就把修建密宗寺院的任务交给了他。

喜饶僧格先在后藏萨迦附近一个叫赛的地方修建了一座传授密宗的寺院，以后他又到拉萨修建了举麦扎仓（下密院）。后来喜饶僧格的一个弟子贡噶顿珠因与举麦扎仓意见不合，从它里面分出来，另建了一座举堆扎仓（上密院）。只有在拉萨三大寺的显宗扎仓学习完毕的人，才有资格进入这两个密宗寺院学习。虽然哲蚌、色拉两座寺院有密宗扎仓，但是上、下密院比它们的密宗扎仓高一级。三大寺中的甘丹寺没有密宗扎仓，因此，上、下密院在名义上是属于甘丹寺的密宗扎仓，但是实际上上、下密院与甘丹寺的关系是平行的，互不相属的。就是上、下密院的“上”“下”也是指方位而言，在西面的称上密院，在东面的称下密院，它们之间也没有从属的关系。

格鲁派是藏传佛教中最后兴起的一个教派，它的形成和发展与其他教派的形成和发展相比，有一些不同的特点，大致可以归结为如下几点：

第一，黄教从创教开始，就以要求僧人严守戒律，过严格的宗教生活为号召。这样，它便在一段时间内，不会成为与世俗统治阶级争夺权势的力量，同时人民群众也欢迎守戒律的僧人，信任戒律严密的黄教，因此黄教的出现对统治阶级缓和阶级矛盾、麻醉劳动人民是有好处的，所以黄教在早期发展阶段得到了世俗统治阶级的大力支持。其实，在“宗教改革”中兴起的黄教与其他教派并没有什么本质上的区别，它不过是宗喀巴吸收各家各派的内容，加以调整组织，融合为一个更完整的宗教体系罢了。黄教尽管有不同于其他教派的学程和修习方面的特点，但是在总体上说，它并没有在原来的藏传佛教上增添新的实质性内容。

第二，黄教打破了以往各教派只和某一地区的某一封建势力相结合而形成二位一体的政教不分局面的局限性，它所采取的策略是和各地区、各个不同的封建领主广泛联系的做法。这在一定程度上反映了藏族社会随着封建经济的发展而出现的打破地方势力割据而走向统一的要求。黄教在整个藏族地区寻求发展，它与卫藏、阿里、康区、安多各地区的封建势力广泛联系。同时，黄教还和蒙古族，汉族、满族的封建统治者联系，这表现了它活动的广泛性和在宗教上统一藏传佛教各派的趋势。

黄教禁止僧人娶妻生子，禁止僧人参加农业生产劳动，为了保证僧众的来源和养活数量众多的僧人，它在经济上必须依靠世俗统治阶级，只有在统治阶级的大力支持下，它才能得到迅速的发展。另一方面，黄教把僧俗界限划得很清楚，它并不是单一地依靠某一个地方封建势力，而是依靠整个的封建统治阶级。正因为如此，它才能具有相对的独立性，才有可能建立自己独立的寺院经济，进而发展成为藏族社会上独立的寺院集团势力。当然，等到黄教形成了单一的寺院经济势力，而且发展到在政治上经济上能够和各地方势力分庭抗礼的地步时，这些地方势力就要转而采取压制黄教发展的态度了。

第三，黄教调整和改革了寺院的组织和规章制度。首先，黄教把学经制度规定得比较严格，它除了强调严守戒律以外，还特别注重修习的次第，强调要先学显宗，后学密宗，显宗人人可学，而密宗只能传授给少数所谓有“根器”的合格的人。黄教还强调学习时要循序渐进，不允许跳跃等级。在显宗方面，黄教规定了五部必须学习的经典，即《现观庄严论》《入中论》《量释论》《戒律本论》《俱舍论》，在密宗方面，规定要系统地学习四部密宗法，即作密、行密、瑜伽密、无上瑜伽密，不允许只学一种密法而不学其他密法。

其次，在寺院管理制度方面，界限也划分得很清楚，管理人员各有专职，谁也不得超越职权。在寺院中学经的有学经的一套组织，管理寺院经济的又是另一套组织。母子寺院的从属关系也限制得比较严格，彼此的责任、义务都规定得很明确。还应指出的是，格鲁派寺院是采用委员议事的形式来处理日常事务的，向例不允许个人专断，各种僧职还有一定的任期，这样可以避免某一个世俗封建统治者完全操纵寺院事务的现象。黄教寺院严密的组织制度，一方面是由于它自身发展的实际需要，另一方面它也是藏族封建制度完整化的这一社会情况在宗教方面的反映。

最后，关于黄教的发展，还有两点需要指出：一是当黄教创立以后，原来散布在各地的噶当派寺院都一变而成为黄教寺院。由于宗喀巴自称新噶当派，而噶当派当时又缺乏有声望、有影响的领袖人物，于是在宗喀巴的号召之下，噶当派都统一到黄教中来了，这种情况当然加快了黄教发展的速度。第二点是宗喀巴个人的声望也是黄教得以迅速发展的一个因素。如果我们仅就宗教范围以内来观察，宗喀巴的确是个有作为的宗教活动家，他对佛学理解之深、组织能力之强、阐发佛教哲学的著作之多、声望影响之大，都是藏传佛教史上少见的。他的出现固然主要是由当时的社会决定的，但是对他个人的作用，我们也应有恰当的估计。他出身于统治阶级，他的“宗教改革”也是为封建统治阶级服务的，但是我们不能把黄教寺院集团出现以后黄教对藏族社会的各种影响都归咎于他。对宗喀巴的评价应从黄教形成和初期发展阶段的藏族社会情况出发，根据历史的实际情况去得出结论。

达赖喇嘛是格鲁派中最大的一个活佛，被认为是观世音菩萨的化身，但是这个活佛转世系统并不是黄教一创立就有的。我们习惯上把黄教采用活佛制度的时间确定在第三世达赖索南嘉措的时期，同时也把他四岁时进入哲蚌寺的 1546 年当作黄教寺院集团形成的标志年代。当然，黄教采用转世制度是有一个发展过程的，它的酝酿和萌芽也肯定不是从三世达赖才开始的。

有的人认为，从根敦主开始，黄教就有了活佛转世的萌芽。但是在后人给根敦主写的传记中并未记录过有关他要转世的文字。在他死后 11 年，才有人把后来被追认为二世达赖的根敦嘉措（1475—1542 年）送到扎什伦布寺，把他说成是根敦主的转世。虽然根敦嘉措是刚好在根敦主死后一年即 1475 年出生的，但是他并不是在幼儿时被认作根敦主的转世“灵童”，而是在 11 岁时才被当作“灵童”送到扎什伦布寺去的。在根敦嘉措的传记中也没有说他是根敦主的“灵童”,也没有坐床的记载。而且根敦嘉措进扎什伦布寺后还受到僧人们的冷落和排挤，最后在 20 岁时，因和寺院的另一个领导人意希孜摩不和而出走，到拉萨哲蚌寺去学经。这件事是达赖活佛转世系统与哲蚌寺发生联系的开端，从此历代达赖喇嘛都以哲蚌寺作为自己的母寺。

我们认为，二世达赖根敦嘉措很可能是黄教实行转世制度的萌芽和先声，他虽然出身于一个农民家庭，但是背后可能有有势力的人支持他，把他送到扎什伦布寺去当根敦主的转世，而且由于在是否采用转世制度上存在分歧，所以延迟到根敦嘉措 11 岁时才把他送入寺中。根敦嘉措进入扎什伦布寺后，还是有一些人不承认他是前任寺主根敦主的转世，意希孜摩可能就是这些人的代表，他们终于在根敦嘉措 20 岁时把他从寺里排挤出去了。

根敦嘉措到哲蚌寺，是以一个学经僧人的身份去的，而不是领导人的身份。后来由于黄教寺院经济有了进一步的发展，活佛转世制度对黄教来说已成为迫切需要，于是他的转世地位才被肯定下来，而他后来的一些活动与他作为根敦主的转世的地位被肯定下来是有密切关系的。

根敦嘉措所处的时代，黄教势力已经经过了初期迅速发展的阶段，这时，支持黄教的帕竹地方政权已经衰落，而新兴起的仁蚌巴家族已经开始采取措施来限制黄教的发展了。从1498年到1517年的近20年间，仁蚌巴剥夺了黄教主持拉萨正月祈愿法会的权力，把它交给了噶玛噶举教派。在这近20年间，根敦嘉措又离开哲蚌寺到西藏各地去云游。这是黄教在受到限制的情况下，试图打开新局面，保持其已经取得的对其他教派的优势地位而采取的一项积极措施。根敦嘉措作为黄教的领袖人物外出活动，既是去找寻新的支持力量，也是去接收其他教派在战乱中废弃了的寺院，设法把它们改成黄教寺院以扩大黄教的势力。另外，他在游历中也到处向群众宣传黄教的教义，笼络人心，扩大黄教的影响。根敦嘉措在这20年云游生活中，足迹遍及前藏、后藏、山南、塔布等地。

1509年，根敦嘉措在塔布地区的加查宗拉摩南错湖滨建立了一座名叫却科杰的寺院。这座寺建成后，他每年夏秋两季都要来此居住。后来却科杰寺和拉摩南错湖都被认为是黄教的圣地，许多人认为未来的事情能够在湖水中显现出来,后世达赖喇嘛去世后寻找他的转世“灵童”时，西藏地方政府往往派人到这里来看拉摩南错湖中的显现。另外，却科杰寺在建寺和大修时，根据佛教上“魇胜”的说法，寺院上层分子要在该寺大殿的四个角落活埋四个男孩。这是事实，并没有丝毫夸大，最后一次是在1957年，当时还要活埋儿童，被救了下来。

根敦嘉措在修建却科杰寺以后，在1512年被扎什伦布寺请回去任堪布，他把扎什伦布的大殿扩修为八十二根柱子。后来，在仁蚌巴家族衰落后，格鲁派争回了主持拉萨正月祈愿法会的权力，他又回到哲蚌寺，任哲蚌寺的寺主，他冬春两季住在哲蚌寺，夏秋两季住在却科杰寺，他的主要身份虽然是哲蚌寺的领导人，但是实际上已成为全格鲁派的领袖人物。

约在1530年，根敦嘉措在哲蚌寺的西南角修建了一座名叫甘丹颇章的建筑，它建成以后成了第三、四、五世达赖喇嘛居住的地方，直到五世达赖扩建布达拉宫以后，达赖喇嘛的住处才迁到布达拉宫去。有一段时间，甘丹颇章成了西藏地方政府的同义语。在此同时，根敦嘉措设立了一个叫第巴的职位,这是达赖系统设立总管达赖日常事务的第巴（当时主要是管黄教寺属庄园农奴）的开始。根敦嘉措时期黄教与其他教派和地方势力开始发生矛盾和冲突。1537年止贡噶举以武力迫使黄教的十八座寺院改为止贡噶举的寺院，说明一些地方势力对黄教加紧了排挤打击。

1542年根敦嘉措死后，哲蚌寺正式寻找他的转世灵童。在1544年认定了堆垅地方的一个贵族子弟为根敦嘉措的转世，并于1546年把这个年仅四岁的幼童迎接到哲蚌寺，让他接替根敦嘉措的法位，称他为活佛，这个幼童就是三世达赖索南嘉措（1543—1588年）。这件事可以说是黄教采用活佛转世制度的正式开端，因为索南嘉措确实是以公认的活佛转世“灵童”的身份进入哲蚌寺的。

索南嘉措的家族，据说是吐蕃王朝赤松德赞在位时最早出家的“七觉士”之一玛·仁钦乔所属家族的后裔。索南嘉措的祖上在萨迦地方政权时期就担任官职，到帕竹地方政权时期仍然当官。索南嘉措的父亲名叫南杰扎巴，是地方上的实力派，担任过第巴职务，索南嘉措的母亲是帕竹噶举一个上层僧人的女儿，所以他的家庭一直是比较有权势的。

索南嘉措所处时代的形势大体和根敦嘉措相同，但是他作为黄教领袖的地位比根敦嘉措要稳固得多。当时在拉萨和山南地区的一些世俗贵族和黄教的关系比较好，只是在后藏，无论是仁蚌巴家族还是后来兴起的辛厦巴家族都是反对黄教，支持噶玛噶举教派的。黄教和噶玛噶举教派之间的关系此时已十分紧张，黄教所依靠的帕竹家族，这期间已分崩离析，一蹶不振，不能再给黄教以强有力的保护和支持。因此，黄教要想求得继续发展，就必须再找强大的盟友和靠山。正是在这种情况下，索南嘉措跨出了民族的界限，和北方的蒙古族统治阶级渐渐联合起来。

元朝的统治被推翻以后，退到塞北的蒙古族分裂成若干部，各部汗王互不统属，有时互相征伐，有时进攻明朝。后来瓦剌部（明代称瓦剌，清代称卫拉特或厄鲁特）强大起来，在明英宗时向明朝进攻，在土木堡之战中俘虏了明英宗，还曾围攻过北京。后来瓦剌部遭到土默特、鄂尔多斯、喀尔喀等部攻击，西迁到新疆北部一带。

土默特部的汗王俺答汗的势力又强大起来。俺答汗是成吉思汗的第十七世孙，他在明朝中叶臣服明朝，于 1571 年被明穆宗封为顺义王。他在西征瓦剌部后，于 1559 年率领部众驻牧于青海湖一带。有的史料上说，俺答汗因一生征战，杀人很多，到晚年时有了悔悟之心，想皈依佛法，这才和黄教的领袖索南嘉措建立了联系。其实，俺答汗信奉黄教不过是一种手法，他是想在长年征战之后，利用黄教来安定部众，避免部众叛离。而这时索南嘉措也正需要为黄教再找寻一个有力的靠山，这样，在彼此需要的基础上，黄教和俺答汗才建立起关系来。

1576 年，俺答汗派人到西藏邀请索南嘉措来青海。索南嘉措接受了邀请，于 1577 年冬动身，到 1578 年五月间在青海湖东面的仰华寺与俺答汗会面。他们二人相见后，追忆了元世祖忽必烈和帝师八思巴的历史往事，显然一个以忽必烈自居，一个自比为八思巴，把他们的会见与忽必烈和八思巴在六盘山的会见联系起来，这更说明他们之间的关系不只是宗教关系，更主要的是彼此在政治上的需要。这次会见以后，索南嘉措向土默特部宣讲黄教教义，劝说俺答汗废除了一些蒙古族的落后习俗，如人死后大量杀牲送葬以及夫死妻殉的陋习等，因此，黄教在蒙古族中获得了良好的印象，也为以后在蒙古族地区广泛传播打下了基础。

1578 年，俺答汗和索南嘉措二人互赠尊号，俺答汗赠给索南嘉措的尊号是“圣识一切瓦齐尔达喇达赖喇嘛”。“圣”，在佛教里是表示超出世间的意思，“识一切”，是藏传佛教界对在显宗方面取得最高成就的人的称号，“瓦齐尔达喇”是梵文的译音，藏语意为执金刚，这是藏传佛教界对在密宗方面取得最高成就的人的称号，“达赖”是蒙语大海的意思，“喇嘛”是藏语上师的意思。总起来讲，这个尊号的意思是说索南嘉措在显教密教两方面都修到了最高成就，是个超凡入圣学问渊博犹如大海一样的大师。这就是达赖喇嘛名号的开端。由此往前追认，根敦主成了一世达赖，根敦嘉措成了二世达赖，而索南嘉措本人就是三世达赖了。索南嘉措赠给俺答汗的尊号有两种说法，一种说是“咱克喇瓦尔第彻辰汗”，“咱克喇瓦尔第”是梵文的译音，即佛教经典上记载的转轮王，是佛典上说的能够统一全印度的君王，“彻辰汗”是蒙语，意思是聪明智慧的汗王。这个尊号把俺答汗说成是有能力统一全中国的王，实际上俺答汗在全盛时期也没有这样大的能力，何况这时他的实力已经衰落，更不会有这样的可能。因此，这只是一个在政治上加以推崇的尊号罢了。还有一种说法是索南嘉措赠给俺答汗的尊号是“法王梵天”，这就是纯粹的佛教尊号了。

在索南嘉措会见俺答汗的同一年，他在随同俺答汗到内蒙古土默特去的路上，在宗喀巴出生的地方修建了一座寺院（那里原来已有一座纪念宗喀巴的塔），后来这座寺院逐渐扩大规模，形成著名的塔尔寺。路经甘州时，索南嘉措和帕竹家族袭封阐化王的阿旺扎西扎巴派来的官员商议如何向明朝进贡，这是俺答汗提出的建议。索南嘉措还给当时的明朝宰相张居正写了一封信，信中说他愿效忠于王朝，为明朝皇帝念平安经，还说明他劝说俺答汗率部返回土默特的情况，并请求准许他定期朝贡。后来明朝接受了他的请求，允许他定期入贡，看来明朝已把他当作国师对待，因为明朝对藏传佛教规定，国师以下的人员不得朝贡。索南嘉措一行到达土默特后，俺答汗在土默特川建立了一座名为大乘法轮洲的寺院，这是蒙古族地区第一座黄教大寺院。

索南嘉措在土默特部停留了一段时间以后，又接受云南丽江地区纳西族木土司的邀请到云南去。他于 1580 年到达康区的巴塘、理塘一带，这里当时是木土司的辖区。索南嘉措在理塘时主持建立了理塘寺，然后就从理塘直接返回西藏哲蚌寺去了。经过这一次青海、内蒙古、康区之行，索南嘉措的声望大大提高，成为远近皆知的著名黄教领袖了，《明实录》上对他的活动也有记载，说他法术灵验，神通广大。

俺答汗死于 1583 年。他死以后他的子孙特地写信给索南嘉措，请他到土默特去参加俺答汗的葬礼。索南嘉措接受了这一邀请，于 1586 年再次到达土默特。他一路上到处讲经传教，有许多蒙古族跟随他成了黄教的信徒。俺答汗的葬礼是在 1587 年举行的，随后，明朝派人到土默特来，封他为“朵儿只唱”（即执金刚），还专门邀请他去北京。他接受邀请动身进京，不幸在途中一个叫卡欧吐密的小地方病死（1588 年），没有能够到达北京。后来，在塔尔寺内安放了他的灵塔。

索南嘉措死后一年，俺答汗的孙子苏密尔的儿子出生，这个幼童被认定为索南嘉措的转世“灵童”，是为四世达赖喇嘛云丹嘉措（1589—1616年）。

达赖喇嘛转世到蒙古王公家中，这是黄教上层和蒙古族统治阶级在当时的形势下做出的对双方都有利的微妙安排。它使黄教在与西藏其他教派和地方势力的斗争中，可以依靠蒙古族的军事力量，这对缺少军事斗争经验的黄教是十分重要的，同时它又使蒙古族统治者可以用支持黄教的名义向西藏逐步渗透。值得注意的是，当时黄教的领袖们居然都同意云丹嘉措为索南嘉措的转世灵童，毫无异议，从这里更反映出黄教寺院集团在当时争取外族军事力量支援的心情是如何急切。

1589年，西藏方面派出代表到土默特去完成认定达赖喇嘛的转世“灵童”的手续，同时迎请四世达赖到拉萨哲蚌寺去坐床。1602年蒙古方面派遣军队护送云丹嘉措进藏，在路上走了一年多，1603年才到达拉萨。

四世达赖和护送他的蒙古军队的到来，使后藏地区的新兴起的辛厦巴家族十分不安，它加紧了以武力控制前藏的努力。1605年辛厦巴家族的丹松旺布占据了拉萨北部的盆域，1610年辛厦巴家族的领袖，第悉藏巴政权的建立者彭措南杰（1586—1620年）切断了拉萨的黄教势力和山南帕竹家族的联系，并且击败了帕竹家族和山南其他地方势力的联军。1612至1613年间，彭措南杰的势力扩展到了拉萨周围，与黄教势力和支持它的蒙古军队产生了一些摩擦。在这一时期中一些蒙古族上层人物以朝佛的名义来到拉萨，他们带着大批随从，是来支持黄教的。双方都意识到冲突不可避免，都在为打击对方做准备，在这种紧张的敌对形势下，1616年年底，四世达赖云丹嘉措突然死于哲蚌寺，有说这是因为彭措南杰得了一场重病，怀疑是由于云丹嘉措念了咒经的缘故，所以派人刺杀了云丹嘉措。并说在四世达赖死后，彭措南杰还下令禁止达赖喇嘛转世，后来蒙古族军事力量于 1617 年、1621 年两次进藏与第悉藏巴交战，彭措南杰又于 1620 年病死，五世达赖才得以转世。

扎什伦布寺的寺主罗桑却吉坚赞（1567—1662 年）即第四世班禅，班禅活佛转世系统是从他开始的。他在黄教历史上是一个十分重要的人物，在四世达赖死后，五世达赖年幼期间，他实际上主持黄教教务。当时西藏各种势力的斗争非常复杂，情况随时变化，他都以灵活的政治手腕应付裕如，终于使黄教寺院集团在藏族社会上取得了绝对优势的地位。四世班禅确实为黄教开辟基业立有卓越功勋。1645 年蒙古和硕特部的固始汗在控制西藏以后赠给他一个“班禅博克多”的称号，“班禅”是班智达钦波的简称，意思是大学者，原来在后藏地区习惯于用来称呼学识渊博的高僧，并不是一种专门的称号，只是在固始汗赠给罗桑却吉坚赞这个称号以后，“班禅”才成为他的历代转世的专有称号，其他人不再有这个称号了。“博克多”是蒙语，是对有智有勇的英雄人物的一个尊称。班禅活佛转世系统从这时正式建立起来了。

四、格鲁派寺院集团的得势与掌政

五世达赖坐床前后的西藏形势——蒙古各部与西藏各教派的关系——固始汗略定西藏——西藏地方代表团抵达盛京——固始汗统治西藏的政策——五世达赖的受封——黄教掌政的经过

五世达赖名叫阿旺罗桑嘉措（1617—1682年），出身于穷结巴家族。穷结巴家族原是山南地区的一个封建主，也是帕竹地方政权属下的贵族，日喀则就是帕竹政权封给穷结巴家族的领地，他家世袭日喀则宗本的职务。1435年仁蚌巴家族曾经打击过穷结巴家族，但稍后不久穷结巴家族的实力又恢复起来，这个家族的成员班觉桑布曾大力支持根敦主修建扎什伦布寺。穷结巴家族对黄教一贯是采取支持和同情的态度的。

主持认定阿旺罗桑嘉措为四世达赖的转世“灵童”的，除了四世班禅以外，还有蒙古土默特部的拉尊和珲台吉两个贵族代表。他们于1621年特地从青海带领两千蒙古军队赶到拉萨参加认定五世达赖的事务，这时刚好第悉藏巴彭措南杰已经死了，由他16岁的儿子丹迥旺布（1606—1642年）继任第悉藏巴。拉尊和珲台吉到拉萨以后就和第悉藏巴的军队发生冲突，结果丹迥旺布的一万军队被两千蒙古军打败，逃到夹波里山。这时四世班禅、甘丹赤巴和达垅噶举的“晓仲”等人出面调停，促使双方停战，只是要第悉藏巴把前此侵占的黄教寺院和土地等交还给黄教。四世班禅采取这种办法，一方面为西藏地方保存了一万多军队，另一方面也为黄教争得了实际利益，这说明四世班禅对蒙古军队有所戒备，他是处处从黄教的自身利益出发来考虑对策的。接着这两个蒙古族的代表又和第悉藏巴·丹迥旺布谈判，确定在1622年迎请五世达赖到哲蚌寺坐床。

第悉藏巴·丹迥旺布受到这次挫折后，并没有善罢甘休，也没有因为四世班禅为他保全了一万多军队而改善与黄教的关系，他看到了蒙古军以保卫黄教为名渗入卫藏地区的严重性，于是加紧联络黄教以外的各教派以及与黄教关系不深的老贵族。大约在1630年，他利用土默特部的拉尊和珲台吉发生内讧的机会，发动了一次反对黄教的高潮，使黄教的发展在一定程度上受到挫折，以致使五世达赖在拉萨都无法立足，只好逃到山南地区帕竹家族的根据地暂时躲避起来。

也正是在17世纪30年代，蒙古族各部之间发生了一系列的冲突和新的组合，蒙古部的这种变动突出地表现在青海地区。青海从16世纪后半期起，就是土默特部驻牧的地方。到1628年，由于蒙古察哈尔部的领袖林丹汗侵扰邻近各部，影响到外蒙古各部之间的纷争，喀尔喀部的一部分在却图汗的率领下向南迁移，于1632年到达青海地区，征服了留居在青海的土默特部众，据记载当时却图汗的兵力约有四万之众。却图汗在对待藏传佛教各教派的态度上，是支持噶玛噶举派反对黄教的。

当时却图汗所处的形势是，他的东面是察哈尔部的林丹汗，他的西面新疆地区是卫拉特蒙古。蒙古卫拉特部分为四部，即和硕特部、准噶尔部、杜尔伯特部和土尔扈特部，这四部都是信奉黄教的，而直接与青海相连的和硕特部的领袖固始汗更以笃信黄教而知名。当时林丹汗也信奉黄教，因此，支持噶玛噶举的却图汗是夹在信奉黄教的固始汗和林丹汗两个势力之间的。

1635 年，却图汗派他的儿子阿尔斯兰领兵一万人进入西藏，同时他积极与林丹汗联络。由于他们都对和硕特部的固始汗感到疑惧，却图汗说服林丹汗放弃了对黄教的信仰，改宗噶玛噶举，并和却图汗共同反对固始汗。这时形势对格鲁派极为不利，它在西藏受到第悉藏巴丹迥旺布的压制，在青海蒙古土默特部的支援也因却图汗的入据青海而中断。但是却图汗派到西藏的阿尔斯兰却是一个唯利是图和反复无常的人。他领兵入藏主要是为了掠夺财富，因此，尽管他入藏时噶玛噶举就派人和他联络，他还是在黄教的重金收买下改变了态度，转而支持黄教，并把与却图汗有联系的噶玛噶举红帽系六世活佛杀死在当雄。于是噶玛噶举向青海的却图汗申诉，结果却图汗在 1636 年派人将阿尔斯兰处死。在青海方面，林丹汗本想与却图汗合兵进攻固始汗，但林丹汗在进军青海的途中病死（1635 年），部众返回察哈尔，而固始汗却乘机从新疆南下青海，于 1637 年一举消灭了喀尔喀部在青海的势力，杀死却图汗。这样青海地区就从支持噶玛噶举的却图汗手中转移到了支持黄教的固始汗手中。据说固始汗南下青海是由于黄教领袖人物的请求，其实当时和硕特部受西面的准噶部的威胁，早有把势力伸张到青海地区的企图，不管黄教寺院集团邀请与否，固始汗终归是要到青海地区来的。

固始汗本名图鲁拜琥（1582—1654 年），是个英武善战的汗王，在蒙古各部中威望较高，因为他成功地调解过喀尔喀部和卫拉特部之间的争端，被黄教的东科尔（青海省湟源县一座寺院名，它的活佛在三世达赖期间是黄教派往蒙古进行联系的代表活佛）和喀尔喀部的汗王共同尊称为大国师，“固始汗”即是由国师汗音转而来。

固始汗在消灭却图汗以前，于 1636 年秘密到达拉萨，和四世班禅、五世达赖共商消灭黄教的敌对势力的大计。大概在此以前不久，固始汗就已和尚未进关的清政权结纳上关系。这时固始汗又和四世班禅、五世达赖商议，共同派代表到盛京（今沈阳市）去和清政权联系。同年，四世班禅和五世达赖共同赠给固始汗丹增却杰的尊号。随后固始汗又回到和硕特，双方就按照他们制定的计划分头行动起来。首先，于 1637 年消灭了占据青海的却图汗，接着 1639 年到 1640 年，固始汗从青海出兵到康区，一举消灭了白利土司顿月多吉。

白利土司辖地在今四川甘孜藏族自治州，是信奉本教反对佛教的，是黄教东面的一大敌对势力。固始汗消灭白利土司，是为了解除他以后进攻第悉藏巴时可能出现的后顾之忧。

1641 年，固始汗从康区领兵进入拉萨，这时卫藏地区刚刚从阿尔斯兰引起的战乱中平定下来，地方政务仍由第悉藏巴・丹迥旺布掌管。固始汗到达拉萨后按兵不动，也不骚扰地方，只是派人把四世班禅从日喀则请到拉萨来，以免日后进攻第悉藏巴时四世班禅成为人质或受到伤害。四世班禅到达拉萨后，固始汗又放出空气说他要返回青海，使第悉藏巴・丹迥旺布疏于戒备。又过了一段时间，固始汗才在黄教派出的向导的指引下，暗地里向后藏出兵，与第悉藏巴作战。战争延续了七个月，最后在 1642 年，日喀则被固始汗攻克，第悉藏巴・丹迥旺布被杀，结束了噶玛噶举派操纵控制的这个地方政权对卫藏地区 24 年的统治。第悉藏巴被消灭以后，从根本上解除了对黄教的威胁，黄教在藏族社会上的优势地位遂最终确立。

同在 1642 年，西藏地方各派势力派出的人员到达盛京，向清太宗皇太极递交了西藏各派领袖人物的信件，其中有五世达赖、四世班禅和固始汗的信，也有第悉藏巴·丹迥旺布和噶玛噶举红帽系活佛的信件。他们分别向清朝统治者表示良好的祝愿，并积极争取清朝的支持。西藏派出人员的首席代表是伊拉古克三活佛，他是固始汗的侄孙，和硕特部留驻新疆的领袖鄂尔齐图的第三子。由此可见，这批蒙古族和藏族的领袖人物的政治嗅觉都是很灵敏的，尽管当时清朝还没有入关，但是他们已经预感到明朝即将覆灭，清朝取而代之的形势已是指日可期，所以他们才派人越过沙漠、草原去和远在东北的清朝统治者结纳关系。

在西藏派出的人员到达盛京时，清太宗皇太极亲自主持欢迎仪典，并向天行三跪九叩礼。皇太极除设宴招待以外，还分别给西藏的领袖人物写了回信。给达赖喇嘛的信要热情得多，回赠的礼品也多，给噶玛噶举活佛的回信和回赠就要差些。尽管当时第悉藏巴已经被固始汗消灭，但由于消息隔绝，皇太极也给第悉藏巴写了信，勉励他好好做事，还要他把西藏的情况写个奏章上报。对固始汗的信则显得有所戒备，措辞模棱两可，不着边际。另外，皇太极还给萨迦、主巴噶举、达垅噶举等教派的领袖人物写了信，大有对佛教各教派一视同仁，无所偏颇的意味。

其实，早在 1639 年，清廷就已经派人到西藏去见第悉藏巴和“掌佛法大喇嘛”（没有说明是指格鲁派还是其他教派），清朝皇帝还分别给他们写了信，要求他们派高僧到清朝去传播佛教。但是清廷派出的人员与西藏派往盛京的人员在路上错过，没有相遇。

固始汗的兵力消灭第悉藏巴控制了西藏地方以后，他并没有离开西藏，也没有把西藏交给黄教寺院集团，而是由他自己直接控制。这时固始汗已成为包括青海、康区、西藏的全国藏族地区的汗王。他原来是作为黄教的施主的身份出现的，现在却把整个藏区囊括在他的统治之下了。

固始汗让他的十个儿子率领部众驻牧青海一带，以这里作为他的根据地，他还规定除青海本身的农牧业收入以外，再加上康区收缴的赋税，用来养活他在青海的部众。他自己则在拉萨建立了地方政权，他把一批为他地方政权和黄教出过力的蒙藏有功人员封为贵族，封给他们庄园和农奴，并任命这批贵族任各级官员。在他的地方政权中，有相当一批藏族高级官员，其中最重要的职位是第巴，固始汗当时任命五世达赖的第巴索南群培为地方政权的第巴，在由固始汗地方政权发布的命令上，除了盖有固始汗的印之外，还有第巴的印。这里的第巴不是以达赖为首的黄教势力的代表，而是以固始汗地方政权的高级官员的身份出现。在军事方面，固始汗直接掌握着指挥权，他留下八个旗的蒙古军队驻扎在拉萨以北的当雄，这是当雄蒙古驻军的由来，当时叫作当雄八旗。后来和硕特部在西藏的统治结束后，这部分军队又归驻藏大臣指挥，当雄又成为清朝驻藏大臣的直接辖区。

此外，固始汗还在前藏和德格地区分别建立了十三个规模比较大的黄教寺院，费用自然还是从藏族人民身上刮取来的。他还规定把卫藏地区的赋税赠给达赖喇嘛，以作为对黄教的“供养”。1645 年固始汗赠给四世班禅以“班禅博克多”的尊号，把日喀则周围的土地划归四世班禅管辖，这显然有分减达赖权势的意味。后来清朝政府也沿袭了这种做法，使达赖和班禅成为两个平列的活佛系统，使他们相互牵扯，不使一人过于集中权力。

固始汗控制西藏和黄教得势，也遇到了敌对势力的反抗，其中尤以噶玛噶举的噶尔巴反抗最力，最后还是被固始汗的兵力镇压下去了。这一事件前已述及，这里不再赘述。

固始汗于 1654 年去世后，和硕特部失去了一个强有力的领袖，对西藏的控制力渐渐减弱，而这时五世达赖的政治作用却越来越大。五世达赖曾经清查过黄教和其他教派的寺院，规定僧人人数，确立寺院的组织制度和经济制度，对寺属属民也进行了清查，让每个寺属庄园向黄教寺院集团交纳一定数量的实物地租，称为“拉庸”或“拉拔”。通过这些措施，更加巩固了封建农奴制度，也为黄教寺院集团在政治上取得独占地位准备了条件。

1644 年，顺治帝在北京做了入关后的第一个清朝皇帝。之后不久，1652 年五世达赖就在顺治帝的邀请下到达北京，受到清朝的优厚款待。在五世达赖到达北京之前，清廷就做好了接待的准备。在五世达赖到达城郊时，有意安排顺治帝去南苑打猎，使他们在不拘礼节的形式下相会。清朝又专门修建了黄寺，作为五世达赖在北京期间的住所。五世达赖离京返藏前，顺治帝赠送给他大量的礼品和金银。1653 年，顺治帝派礼部尚书和理藩院侍郎带着金册金印到代噶地方（今内蒙古自治区凉城县，当地有个名叫岱海的湖），追上正在返藏途中的五世达赖，册封他为“西天大善自在佛所领天下释教普通瓦赤喇怛喇达赖喇嘛”。当时册封的金册金印一直保存到现在，在历史博物馆内还有它们的复制品展出。

“西天大善自在佛所领天下释教”的封号在明永乐帝册封噶玛噶举

黑帽系五世活佛得银协巴为大宝法王时，就已经使用过，顺治帝只是多加了一个“所”字。这个字在藏文中意思是“在很大范围内”，在清廷的心目中专指蒙藏地区的佛教，并不包括汉族地区的佛教。因此，加上一个“所”字后，“领天下释教”的范围就有了一定的限制。“普通瓦赤喇怛喇达赖喇嘛”，是沿用了俺答汗赠给三世达赖的全部尊号，其中的“普通”即“识一切”，“瓦赤喇怛喇”即“瓦齐尔达喇”。

清朝在册封五世达赖的时候，又派专人进藏封固始汗为“遵行文义敏慧顾实汗”。金册上还有两句话，“作朕屏辅，辑乃封圻”，即是说做好皇帝保卫边疆的帮手，把封给的地区治理得平安和睦。这说明清朝是把固始汗封为有封地有政治权力的汗王的，而对五世达赖只是封为藏传佛教的领袖。可见在 17 世纪中叶时，黄教尚未掌政，这是不容篡改的历史事实。

五世达赖受清廷册封以后，号召力较前更大。1654 年年底，固始汗病死在拉萨，由其子达延汗继承汗位，主持西藏政务。1668 年达延汗病死，由其子达赖汗继位（藏文史籍中称达赖汗是达延汗之弟）。到 1701 年达赖汗死，由其子拉藏汗继位。固始汗死后，和硕特蒙古和黄教联盟由于共同的敌对势力的被消除而逐渐瓦解，而且由于争夺在西藏地区的统治权双方产生了矛盾和摩擦，它们都在为排挤掉对方以便独掌西藏政治权力而加紧准备。

还在 1645 年三月，五世达赖就下令动工修缮并扩建布达拉宫，作为黄教的首脑机关。五世达赖从北京返藏以后，又几次巡游卫藏各地委任宗本，制定法规和服饰等级，这些措施都是为了巩固自己的地位，把权力集中到自己手中，以削弱蒙古汗王在西藏的势力。1679 年五世达赖任命由他多年教育培养的桑结嘉措（1653—1705 年）为第巴，为自己安排了继承权力的人。1682 年五世达赖死后，第巴桑结嘉措秘不发丧达 15 年之久。在这期间，第巴桑结嘉措一方面继续以五世达赖的名义掌管黄教事务，并向清廷要求封自己为王，以取得与和硕特蒙古汗王分庭抗礼的地位，另一方面他利用与新疆的蒙古准噶尔部汗王噶尔丹早年相识的关系，加强与准噶尔部的联系，企图利用准噶尔部的力量驱逐和硕特蒙古汗王的势力出西藏。拉藏汗是个昏愦无能而又独断专横的人，他继位后在处理西藏政务时，和第巴桑结嘉措的矛盾越来越尖锐，终于发展到兵戎相见的地步。

1697 年，第巴桑结嘉措在清廷的责问下，宣布五世达赖早已去世，转世“灵童”也早已找到，并已按宗教规程进行“供养”。同年十月，把 15 岁的“灵童”迎至布达拉宫，正式坐床，是为六世达赖。

六世达赖仓央嘉措（1683—1705 年）是门隅宇松地方人，出生于宁玛派喇嘛家庭，15 岁被迎进布达拉宫后，厌倦在深宫中当黄教领袖的生活，经常微服夜行，一心追求浪漫的爱情生活，他还是一位风流倜傥的诗人，写了不少热情奔放的情歌。他的这些活动立即被拉藏汗所利用。拉藏汗向清廷不断上报第巴桑结嘉措与准噶尔噶尔丹的勾结和六世达赖的放浪行为，加深了清朝康熙帝对第桑巴结嘉措的怀疑。

1703 年，拉藏汗和第巴桑结嘉措双方的部下在拉萨正月的祈愿法会上发生冲突，第巴桑结嘉措集合自己的兵力迫使拉藏汗退出拉萨。拉藏汗到藏北后集合当雄蒙古八旗的军队组织反攻，爆发了军事冲突。虽然在三大寺代表和嘉木样协巴（他后来回甘南修建拉卜楞寺，成为嘉木样一世活佛）的调停下暂时停战，但到 1705 年冲突又起，第巴桑结嘉措兵败被杀，拉藏汗奏报清廷后，康熙帝决定废黜仓央嘉措，把他解送北京，结果仓央嘉措在被解送北京途中死在青海湖畔。

拉藏汗虽然战胜了第巴桑结嘉措，但是西藏的政局并不稳定，他扶植的达赖喇嘛意西嘉措得不到西藏人民的承认，也引起青海的蒙古和硕特部汗王的反对。1717 年准噶尔部乘虚而入，发兵侵扰西藏，拉藏汗在拉萨被杀，西藏陷入战乱之中，人民遭受巨大的灾难。

1721 年清朝派兵护送七世达赖格桑嘉措进藏，驱除侵扰西藏的准噶尔军队，平定战乱以后，逐步加强了对西藏的统治。这时统治西藏的和硕特汗王已经不存在了，第巴桑结嘉措也早已被杀害，因此，清朝决定废除第巴总管政事的制度，实行由几名噶伦共同执政的新制度。但是西藏各地贵族之间派系斗争激烈，终于酿成了 1727 年的阿尔布巴事件。从 1728 年起，清朝又采用了由颇罗鼐个人掌权的办法。到颇罗鼐的儿子珠尔墨特那木扎勒上台以后，又一次与准噶尔部联络准备发动叛乱。这次变乱平息后，清朝才感到西藏这一远离内地的边远地方，放手给地方势力以行政大权是很不安全的，个人掌政容易专断，集体掌政又容易发生纷争，于是在 1751 年清朝政府下令由第七世达赖喇嘛格桑嘉措掌管西藏地方政权。黄教的政教合一的地方政权是从 1751 年开始的，从这时起噶厦政府归于达赖喇嘛的领导之下。西藏地方政府的僧官系统和俗官系统也是从这时开始逐渐发展起来的，只是在七世达赖时还不像后来那样完整和严密。

黄教掌政以后的历史，与西藏地方的政治、经济史紧密交织在一起，更多的应属于藏族史的范围，因此这里不多作叙述。

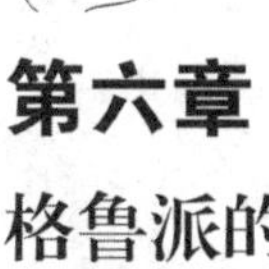

第六章

格鲁派的教义和寺院组织

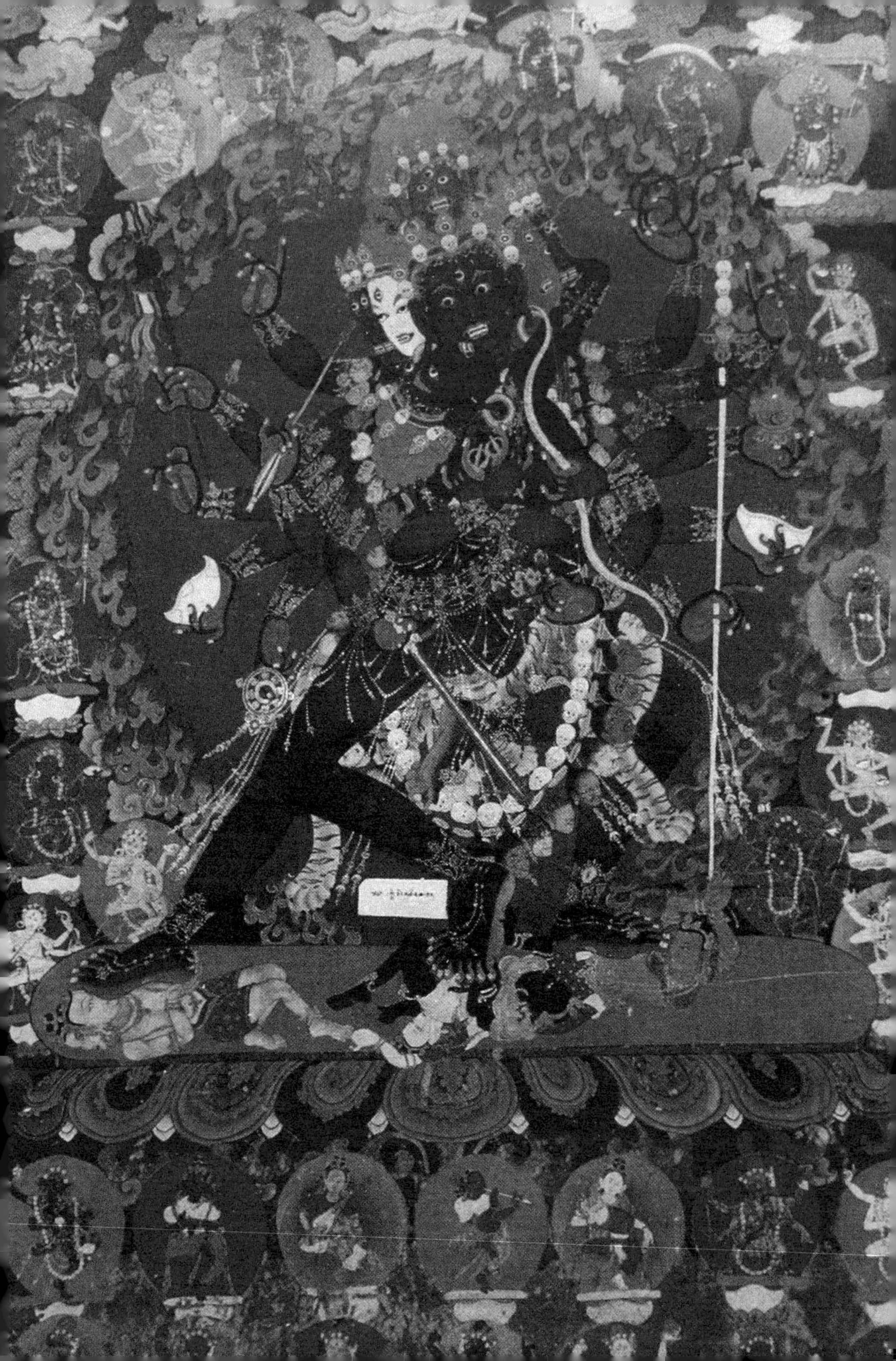

一、缘起性空见地和止观修法浅析

黄教破各宗之见（黄教对其他各宗见地的批驳）——黄教的缘起性空见——对缘起性空见的简评——修习方法概说——各宗修习方法举例——黄教对各宗修习方法的批评——黄教的修习和戒律

佛法可以说有两大部门：一个是教正法；一个是证正法。

教正法的教，即据理言说，正，是不偏不倚，连接在一起说，教正法即指佛教界前辈高僧的传授，这些传授都包括在“三藏”经、律、论之中。按照佛教徒的说法，一个学佛的人，对这些前辈的正确传授是必须知晓的，这可以说是一种客观的外境。

证正法的证，佛家认为是依理修习所得的证悟就是证，证正法就是遵循着教正法的指示而去求得证悟，其中包括学习、领会、实行等方面的内容。对比教正法，则证正法是一种主观的内境。证正法包括在“三学”戒、定、慧之中，“三学”即学习“三藏”的方法。黄教的教义也可从“三学”入手。为了方便起见，这里以慧（见地）、定（修习）、戒（操守）为次序来作说明。

黄教的“见地”本于龙树的《中观论》，提倡缘起性空。它和藏传佛教其他教派一样，也是大谈“性空”，但是又与其他各宗派有差别。这里先介绍黄教对其他教派的见地是怎样批驳的，然后再说明黄教自己的见地。

在西藏，乃至佛教的发祥地印度，佛教内部对一切法的见地上，有一派认为所谓空，是说万物的本体是空的，这个空是绝对的空、绝对的无，不但我们所见所闻是绝对的空和无，就是佛家所说的善恶因果，也是绝对的空和无。他们举例说，红花、黄花是谁把它们染成红色和黄色的呢？谁也未曾染过，但开出来的花就是红花、黄花，根本无所谓因果。他们认为凡是学佛的人，只要能够懂得“万法皆空”的道理，就是正确的见地，赤松德赞时期的汉地佛教顿门巴的大乘和尚，基本上即属于这一派的观点。

黄教批驳说，这样的说法是犯了“断”的弊病，是一种“断见”，它与“常见”一样是错误的，是走到与“常见”相反的另一个极端。换言之，把世俗间的一切都看作永恒长久是错误的，把万法断然说成是绝对的无也是错误的。这一派否认善恶因果，但又承认有解脱（立地成佛）的结果。而因果关系是佛家的基本说教，果由因而起，无因果不生，无始无终，循环不已。现在这一派既然说一切善因是没有的，但又说解脱之果是有的，那么，这种解脱之果是从天而降的吗？因此，黄教认为这是一种站不住脚的“断见”。

第二种说法主张一切法世俗谛无，胜义谛有，即一个东西的本体——真谛是有的，是存在的，但是你所看到的只是个“外境”，是一时的假象，并不是绝对的有。觉囊派提倡的“他空”，就是这样一种见地。

黄教认为这一派主张胜义谛有，是犯了“常见”的弊病，因为一般人一向认为“诸行有常，万法皆有”，与这一派的胜义谛有是一样的见地，这岂能是正见呢？这一派把空当成实有，认为事物本体是一个存在着的真谛，这不仅是错误的，而且是很危险的，因为它抓住空当作实，认为万事到头都是实有，而不是空，这样势必会忽视了善恶因果，从而忽视了僧人在戒学方面应有的努力，再进一步就可能什么坏事都做，而这对一个佛教教徒是很危险的，正如龙树所说，“若于空起执，斯人无可救”。另外，黄教认为这一派主张的世俗谛无，即把明明存在的东西说成是绝对的没有，又是犯了“断见”的弊病，也是错误的见地。

第三派是个折中的见地。这一派主张一切法既不是有，又不是无，可以是空，也可以是不空。这种见地模棱两可，互相矛盾，有与无、常与不常、是与非、同与异是正好相反的概念，不是有便是无，不是常便是无常。因此黄教认为这种意见是一种“戏论”，是一种站不住脚的见地。

黄教认为以上各派的见地都不是“正见”，正确的见地应是“缘起性空”。“缘起性空”是黄教对一切事物的根本观点。这是中观派的一种见地，莲花生和米拉日巴都是秉承这一见地的，只是他们没有著书立说，到宗喀巴才把“缘起性空”的内容著书立说，并加以发扬光大，把它作为黄教的见地。

宗喀巴曾经写过一部书，叫作《缘起赞》。书中说世上一切烦恼都是从无明而生，“缘起性空”就是对付这烦恼的根源——无明的方法，意思是懂了“缘起性空”的道理，就可以从无明到明（智慧）。宗喀巴认为，“缘起性空”乃是佛教教义的“心要”。

所谓缘起，即“待缘而起”，也就是说一切法的产生都是有原因的，一切法的出现并能够让人们认识，都是从缘起而来。宗喀巴说："如果不是从缘起而生,任何事物都是无有。"人是由于父母的因缘结合而生的，树是由树种、土壤、日光、水分诸种因缘巧合而成，甚至连最后不能再分解的微尘，也是从缘起而生的。

性空并不是说什么都没有，而是说一切法都没有自性，性空是"自性空"的略写。假如有一种法是不待缘而生的话，那它就是有自性了。因此说一切法无自性，就是说一切法都是从众缘而生，结论是缘起即是性空，性空即是缘起。

佛教的修习方法，一般分成两种：一种叫止住修，一种叫观察修，或简称为止和观。

止住修是修心，是指思想的静止状态而言，只要把自己的心（思想）专住于一境，暂时地不做任何思虑，即是止住修。观察修是对事物作观察思维，是指心的动的状态而言。下面先简单地解释一下观察。

佛教把观察分成两种：一种叫现量，另一种叫比量。现量指一般人的认识和鉴别,就是直观,比量是从人们的已知来推测未知,也就是推理。比如当我们看见火时，直接体验到火的光亮、火焰以及能够燃烧物体的特点等等，这就是对火的现量，假如我们看到远处在冒烟，有烈焰腾空，因而根据以往对火的认识，推测那里有火正在燃烧，这就是比量。现量和比量结合起来就是一切思维，也就是观察修的内容。

止住修和观察修互相循环，互相发挥，就是正确的修习方法。通过这样的方法，佛家认为就可以得到证悟。但是藏传佛教各派在修习上也是各有差别，各有偏向的，大致来说有以下五种不同的对修习方法的理解。

第一派意见认为，一切思想（在佛教术语中叫分别心）都应该去掉，主张断除一切思维作用，这与内地禅宗的主张很相近。这一派提出"语言道断，心行处灭"的说法，意思是说宇宙真谛的微妙，绝不是人类能用语言、思维去表达、认识的。能用语言、思维去表达、认识的就不是宇宙的真谛。因此，必须在断除思维分别之后，才能得到彻底的证悟。

第二派和第一派的主张近似，也是主张不应起分别心，但是提出的理由更直截了当。他们说，"分别大无明，能堕生死海"。意思是说思维就是迷惑（无明），由迷惑而起烦恼而造业，结果就要堕入具有生、住、异、灭的生死海中，摆脱不了流转轮回的痛苦。这两派都是强调止住修，彻底反对观察修的。

第三派的观点与以上两派截然相反，主张"分别心即法身现相"，意思是说人的思维活动就是宇宙真谛的涌现，所以不但不应该断除，而且应该鼓励，越多越好。

第四派与第三派差不多，也主张多起分别心，只是更直截了当一些。他们说，"分别即是法身"，根据佛教哲学的解释，法身是人们在彻底认识了宇宙真谛，即悟得了一切法俱非实有之后所得到的果。第三派还只是说思维是这种果的现象，而第四派则径直说思维就是这种果的本体，虽然程度不同，他们都是强调观察修。

第五派主张"意未散动明了安住之时，便是佛陀，亦名涅槃；意略散动即是众生，亦名生死"。所谓意未散动，就是没有分别心的意思，明了安住之时，就是安定自如的时候。换言之，假如你的心未起思维作用，处于安定自如的时候，这时你已经是超脱了轮回，到达了佛陀的境界，反过来，如果你的心一起思维作用，你便是生死轮回中的一个众生了。

这第五派的意见，还是主张不要有分别心的，只是其中既有第一派的内容，又有第二派的内容，可以说是第一派和第二派的结合。

以上只谈了五派，其实不止这五派，法尊法师在《西藏民族政教史》中就列了七派，不过无论如何划分，总的说来只是两大派：一派注重止住修，轻视观察修，一派注重观察修，轻视止住修。

黄教认为以上各派的意见都是不对的，并分别地进行了批驳。

对主张一切思维都应该断除的第一派，黄教指出语言和思维是人们用来了解宇宙真谛的必要工具，佛教中有“因指见月”的譬喻，意思是说现在有人用手指着月亮，你顺着他指的方向望去，就看见了月亮。当然手指并不是月亮，但是你是顺着他的手指指的方向才看见了月亮的。在这里，手指就好比是语言和思维，而月亮就是宇宙真谛。一个学佛教的人，假如把一切思维分别心都断除了，那也就等于把能够通过其了解佛教教义的工具都排除掉了，试问这个学佛的人怎么还有可能最后证悟宇宙的真谛呢？

对于主张“分别大无明，能堕生死海”的第二派，黄教认为这种主张太笼统，因为佛教把分别心大体分为两类：一类叫作正分别，就是指正确合理的思想，所以也叫作如理分别；另一类叫作不正分别，就是指不正确的不合理的思想，所以也叫作不如理分别。那么，所谓“分别大无明”是专指不正分别呢，还是也包括正分别在内呢？不正分别自然是无明，但是正分别又怎么能说是无明呢？例如善恶因果关系之类的正分别，不仅不是堕入生死苦海的原因，反倒是使人不致堕入生死苦海的原因。

对于主张“分别心即法身现相”的第三派，黄教认为他们也是犯了不区分正分别和不正分别的错误。试问不正分别是不是也能算作法身现相呢？那自然是不能算的。黄教还进一步认为，即使是正分别，也不过是一个了解宇宙真谛的工具而已，谈不到是宇宙真谛的现相。因为宇宙真谛是一种客观的境，而分别是去认识这种客观境的主观心，这两者是不能混在一起的。根据同样的道理，黄教认为主张“分别即是法身”的第四派更是不值一驳的。

对于主张“意未散动即是涅槃，意略散动即是众生”的第五派，黄教认为也是站不住脚的。例如意未散动即是涅槃，一般人也有偶尔的机会处在“意未散动明了安住”的状态，你能说他这时已经涅槃成为佛陀了吗？又例如即使是超脱了轮回的菩萨，当他入定的时候固然不起分别心，但是当他出定的时候，也有起分别心的时候，你能说菩萨也是众生吗？而且成了佛陀就是摆脱了轮回，再不会降生下来成为众生，怎么可能一会儿是佛陀，一会儿又是众生呢？

黄教认为，止住修和观察修就像一只鸟的双翅，应该兼修而不应偏废。对于什么时候应该修止，什么时候应该修观，以及修止观的次第和方法，黄教都有自己的安排和规定。它认为修止就是把心安住于一境，如果得到“轻安”（轻松安适）之感，这就是“止”的本体。又说在得到“轻安”之感以前，只能说是止的“随顺”，而不是止的本体。所谓“随顺”，就是说在通往止的路途之中，还没有达到止的目的地。黄教的修观，就是对一件事物进行观察思维，通过观察思维而得到“轻安”之感时，这就是观的本体。黄教认为止和观是互相配合的，由止到观，由观到止，靠这样的办法来控制思想的动静。

修习方法是个方法论的问题，它是由认识论决定的，一般的情况下，总是有什么样的认识论，就有什么样的方法论。黄教“缘起性空”的认识论是一种二元论，本质上是唯心论，它的修习方法也同样具备这样的色彩。像缘起性空，一个是有，一个是无，是两个截然相反的概念，黄教却能够设法把它们调和在一起，而且最后得出缘起即性空，性空即缘起的结论。在修习方面，一个止，一个观，二者也是截然对立着的，黄教也能照自己的要求，把它们调和到一起，让它们互相配合，互相补充。以上是黄教在慧学和定学方面的简单情况，下面再简单地介绍一下黄教的戒学。

戒律是指佛教僧人应该遵循的行动准则，它有时也可作防护解释。戒可分成止持和作持两大类，简单地说止持只限于消极的防护，作持则是指积极的防护。在一般人的心目中以为戒律只是禁止做某些事的，实际上佛教的戒可以分成开、遮、持、犯四种情况：开，是为了某种特殊原因而准许的例外；遮，是指禁止做某些事情，以保证自己学佛的条例；持，是指应该加以推行实践的条例；犯，是指违犯了以上三种情况的规定。也就是说，在戒律中规定了哪些是应该做的，哪些是禁止做的，哪些是在特殊情况下才允许做的，以及违犯了这些规定怎样处理和挽救的条例。

藏传佛教各教派形成以后，由于斩不断和世俗社会的关系，所以对戒律多数是没有严格持守的，有的甚至还要为他们不守戒律寻找借口，以修大乘的人不应受小乘戒律的约束，来为自己不遵守戒律辩解开脱。实际上大乘和小乘的戒律有许多是共同的，是僧人必须遵守的，只是在大、小乘戒律互相冲突时才允许开戒，而不能以大、小乘的不同随意开戒。

黄教是以要求僧人严格地持守戒律来作标榜的。它主张持守戒律是修行的根本，对犯戒的行为制定了很重的惩罚措施。正是由于黄教采取了这种做法，才争取了人心，从而获得了迅速的发展。所以一般人把戒律的严格持守作为黄教的一个重要特点。

除了持守戒律以外，黄教还调整了显密二宗的关系。显宗和密宗是学佛的两条不同的途径，显宗是指通过明显的教理去修证，密宗是通过修习一种不使外人知道的秘密法最后获得正果。黄教以前的各教派对于显、密二宗都各有侧重，有的重显轻密，有的重密轻显，学显宗的人和学密宗的人有时还互相排斥，斗争得很激烈，甚至形同水火。宗喀巴在创建黄教时已经注意到这种情况，他强调先显后密的修习次第，主张只有显宗学到一定程度的人才能学密宗。在黄教寺院里显、密二宗的调和关系，是以往各个教派所没有过的。

总起来说，黄教在教义和修行上有两个突出的地方：一是调整，就是安排修习的先后次序，使之系统化。二是调和，就是在佛教理论上调和各方面的矛盾，使之成为统一、规范化的教理。黄教的这些特点既反映了宗喀巴的佛学观点，也反映了 15 世纪以后藏传佛教发展的趋势。

关于黄教的教义，我们了解得不多，今后还需要进一步去认识它、研究它。

二、寺院组织机构

拉萨三大寺的特点——三大寺的三级组织（扎仓、康村、喇吉）——三大寺的各级僧职人员

黄教寺院的组织机构大同小异，其中最完整、最典型的是拉萨三大寺。如果我们对三大寺的组织机构有了比较清楚的了解，那么对黄教一般寺院的组织机构也就能有一个大概的认识了。

拉萨三大寺是哲蚌寺、色拉寺、甘丹寺，有时也合称为“色哲甘松”或“丹萨松”。没有到过三大寺的人，很可能以为它们和内地的佛教寺院差不多，其实不然。拉萨三大寺，或者更广泛一点说，藏族地区的大寺，从远处望去是一片楼阁重叠的建筑群，进入寺内，就会觉得与其说它是个寺院，不如说它是个城镇更合适一些。在寺院的范围内除了殿堂、僧舍、佛塔、经幡外，还有街巷，有私人宅第，有一个个小院落。三大寺的规模很大，就是最小的甘丹寺，用一天的时间也不可能走遍全寺，它们都是由一些单独的小建筑合在一起构成的。

如果我们进一步认识三大寺，就会发现它们的作用并不局限于宗教

范围以内。它们是掌管原西藏地方政权的黄教寺院集团的根本寺院，在政治上起着举足轻重的作用。西藏的噶厦政府有僧官系统和俗官系统，俗官由世俗贵族担任，而僧官系统的成员从达赖喇嘛开始，无一例外，都是三大寺的成员。从经济上着眼，三大寺是西藏最重要的寺院领主，它们都占有为数众多的庄园、牧场和农牧奴，以封建农奴制的形式剥削农牧奴群众。正是因为三大寺有强大的政治、经济力量，它们才能发展成为全世界僧人人数最多的僧侣组织。当然，这也是藏传佛教，尤其是格鲁派发展的历史特点以及“政教合一”的特殊作用所造成的局面。

三大寺的组织机构可以分为三级，中间的一级叫作“扎仓”，意思是僧舍，是一个由僧人组成的集体，它本身是一个完整独立的组织，一个扎仓实际上就是一座寺院。一座寺院应该具备的内容如经堂、佛像、僧众等，扎仓都具备，而且扎仓还有自己的经济，有自己管辖的土地、房屋、农奴。在一些小的寺院，一座寺院只有一个扎仓，那么寺院的名字和扎仓的名字就是一致的，例如堆隆德庆县有一个觉摩垅寺，它只有一个扎仓，所以它又被称为觉摩垅扎仓。像拉萨三大寺这样的大寺院，是由几个扎仓联合组成的，这几个扎仓虽然同属于这座寺院，但是，各扎仓之间仍有它们的独立性和自主性。扎仓有大有小，有穷有富，有专学显宗的扎仓，也有专学密宗的扎仓，有的寺院还有专学藏医的曼巴扎仓，专学时轮金刚和历算的丁科扎仓。

扎仓的主持人在藏语中称为堪布，相当于汉地佛教寺院的住持或方丈。三大寺中任何一个扎仓的堪布，地位都是很显赫的，他主管整个扎仓乃至整个寺院的学经、行政、财务，并且具备了转世的资格。同时，作为三大寺中的一个堪布，向例要代表寺院出席噶厦政府的重要会议。

由此可见，堪布虽然不是正式的僧官身份，但是实际上他能参加原西藏地方政府的各项决策，是黄教干预政治的重要代表人物。因此，担任三大寺的堪布的人都是受到噶厦政府信任的人。

堪布的任命，一般是由扎仓中公推出几名具有格西学位的人，报请达赖喇嘛（或摄政）圈定。据说有时达赖喇嘛还要让这几名候补的人到他居住的夏宫罗布林卡去，当场由达赖出题，进行辩论，选择其中优秀者担任堪布。这其实是一个形式。凡是担任三大寺堪布的人，总是达赖集团的亲信。堪布的任期，哲蚌寺为六年，甘丹和色拉寺为七年，有时可以连任一届。任满卸职的堪布称为堪苏，仍然留在扎仓内，享有一定的荣誉。

堪布以下，扎仓中还有一些僧职人员，现分别介绍如下：

喇让强佐一人，是堪布的总管，他手下还有几个强佐（又称恰布），他们在扎仓中有专门的办事机关，叫作强佐康。以喇让强佐为首的这批人专门负责扎仓的财产、属民和对外联系的事务，接待来扎仓的施主等。扎仓里设的喇让强佐和活佛公馆的强佐不同，其不同之处在于他既管理堪布的私人财产，又管理整个扎仓的公共财产。一般担任喇让强佐的人都是堪布的亲信，而且是由堪布任命的。

格贵一人，俗称铁棒喇嘛。他的例行公务是当扎仓的僧众念经或辩论时，手执一根方形空心铁棒维持秩序。在平时，由他负责扎仓僧众的纪律，检查犯戒的行为，全扎仓僧人的花名册由他掌管，僧人入寺、离寺、死亡，由他登记。他还有权处理扎仓的僧人中的一般纠纷，因而有机会敲诈勒索、收受贿赂，被一些人视为肥缺。格贵的任期，三大寺各不相同，哲蚌寺一年一任，色拉、甘丹寺则是四个月一任。

翁则一人，他的职责比较单纯，是全扎仓念经时的领颂人。念经时，先由他领个头，其他僧众随声跟上，犹如合唱团中的领唱者一样。

雄来巴一人，是扎仓中管理僧众学经事务的人。僧众学经、辩论以及考取格西学位等事务，向例由雄来巴协助堪布管理。

格贵、翁则、雄来巴合称为“翁却松”，他们各有专职，分工细致，行“委员制”的领导，但都由堪布任免。其中的翁则和雄来巴虽是扎仓的领导，但是他们不掌握政治、经济大权，生活来源主要靠念经、布施等，是宗教职业者的身份。

三大寺的各个扎仓在僧众的生活、学经等管理制度方面，还有自己独特的规定，就是在同一座寺院中，扎仓间也不是整齐划一的。

在扎仓下面的一层组织是“康村”，意思是按地域划分的组织。凡是一个僧人进入扎仓，就要按照他家乡的地域编到一定的康村中去，例如古格人进入古格康村，阿坝人和汉族僧人进入甲绒康村，康定一带的人进入米聂康村等。康村是僧人学经的地方，与僧人紧密相关，而且不允许任意转康村。

康村也有大小和贫富之别，富有的康村比一个穷扎仓还有地位。大一点的康村还分成若干个米村（相当于小组）。也有的扎仓因为太小，下面不设康村，而有的大扎仓包括很多康村，如哲蚌寺的罗色林扎仓，有 23 个康村，是康村最多的扎仓。

康村的僧职办事人员，也实行“委员制”，康村的首席办事人员称为吉根，向例由全康村中资历最老的僧人担任，吉根二字也含有长老之意。在吉根之下有下列僧职人员：

欧涅四人，是管理康村财产和其他经济事务的人，像产业经营、放高利贷等事务都归他们管理，任期三年。

拉冈一人，负责康村的柴草、用具以及对外应酬、接待客人等事务，任期一年。

卡太格根二人，负责督促轮流给康村支差办事的人，顺带管理康村中的一些杂务，任期一年。

康村格根二人，负责保管康村的一切动产，照料康村的会堂、宿舍、院落、厨房的一应物件，协助拉冈应酬接待，还要顺带管理康村僧众在念经时的纪律，任期一年。这是一件谁也不愿干的苦差事。

巴夏哇二人，意思是处在普通僧众和康村的僧职人员之间的人，是康村中的低级僧职人员，和康村格根相仿，主要是管理各个宿舍的纪律，任期也是一年。

在扎仓之上管理全寺院的磋钦（大经堂）一级事务的组织叫喇吉，是全寺院的最高管理委员会。

在这个委员会中，各扎仓的堪布是当然的委员，而且从他们当中选出年资最高的人做首席委员，即赤巴堪布（也叫法台）。除此之外，喇吉还有几个重要的僧职人员。

吉索二至四人，是全寺性的大总管，一般十年一任。由各主要扎仓的堪布推荐，再由噶厦政府正式任命。这是一个十分重要的职位，负责全寺的庄园、属民、经商、房产、放高利贷等行政和财务事项，也是一个比较容易获取经济利益的职位。

磋钦协敖二人，是全寺性的铁棒喇嘛，所执的铁棒比格贵大一号，俗称为大铁棒喇嘛。其职责是管理全寺僧众的纪律，审理全寺僧人，属民的重大案件，权力很大。在三大寺中又以哲蚌寺的协敖权力最大，以前每年正月拉萨祈愿法会一个多月的时间里，例由哲蚌寺的协敖接管拉萨的市政，维持法会秩序，这也是黄教寺院的一项封建特权。哲蚌寺的协敖依靠这个特权，往往向市民勒索大量的钱财。这个职位一般是一年一任，是由喇吉委员会推荐，由噶厦政府任命。

磋钦翁则（或称磋钦钦摩）一人，是引导全寺僧众在磋钦大殿（全寺的大经堂）上念经的人，虽不是一个显要职位，但也是一个上层宗教职业者，任期不定。

有的寺院里还允许退职的堪布，即堪苏参加喇吉委员会，有的则不允许堪苏参加。

以上这三级组织，都各有自己的办事机构，喇吉在磋钦大殿里办公，扎仓、康村的办事人员在各自的杜康（会堂）里办公。拉萨三大寺里每一个实权的肥缺，都要花钱活动，才能谋到。比如当一任堪布，大概要花一万元大洋的活动费，而扎仓的格贵，也得花一千元大洋。当然，只要他们在任上搜刮，是完全可以收回这笔花费的，而且还能捞到更多的利益。但是对于出身劳动人民的僧人来说，是拿不出这样多的活动费用的，因此，这些职位对他们是完全没有份的。

三、活佛系统与僧侣组织

黄教活佛的概况——拉萨三大寺活佛的类别——三大寺活佛的喇让——僧人的来源和分类——僧人中特殊身份的取得——学经僧人的班级递升——僧人的日常生活——学年和考核制

在黄教的僧人当中，有一种特殊身份的僧人，叫作活佛，藏语称为朱古（朱贝古），意为化身。藏传佛教中活佛转世制度始于噶玛噶举派，黄教正式采用活佛转世制度是在 16 世纪中叶三世达赖索南嘉措时。以后由于黄教禁止僧人娶妻生子，全靠活佛转世来解决寺院集团各领袖人物的继承问题，所以这个制度最后颇为泛滥。一是由于地域辽阔，普遍实行，二是在等级上有大、中、小活佛之分，所以黄教活佛究竟有多少，很难做出精确的统计数字。但是不管黄教的活佛数量怎样多，一般都属于两大系统，即拉萨三大寺系统和日喀则扎什伦布寺系统，这是由于黄教母子寺院的连锁关系形成的。这里只着重介绍拉萨三大寺的活佛系统。

三大寺活佛系统的活佛，不一定都在三大寺中，三大寺所属众多的分支寺院的活佛，都属于三大寺的活佛系统，并且都是和三大寺的某个扎仓中的某个康村挂上了钩的。

在黄教掌政以后，活佛的数量又有了进一步的增加，有时甚至可以花钱买到一个活佛的地位。同时黄教还打破民族界限，出现了汉族、蒙古族、土族的活佛。

黄教的活佛除了达赖、班禅等最大的活佛转世系统以外，一般可以分为两类，即磋钦朱古和扎仓朱古，前者是全寺性的活佛，后者是扎仓以内的活佛。

若想当一个磋钦朱古，必须通过三大寺向噶厦政府提出申请。申请人有新有旧，新磋钦朱古是申请批准他的地位，即申请在原有的活佛以外再增加新的活佛，旧磋钦朱古是申请认定他是某个活佛转世的地位。不管新旧，申请人都是要花费一大笔钱财的。

磋钦朱古中也有大小的分别，其中最高级的叫作甲波朱古，具备甲波朱古身份的人，有在达赖死后或新达赖未满 18 岁以前担任噶厦政府的摄政的候选资格。西藏关于甲波朱古有所谓“四大林”之说，四大林是指四大活佛的私人喇让，但对四大林的说法不一，最常见的说法是指：

功德林济咙活佛，属哲蚌寺郭莽扎仓；

策默林策默活佛，属哲蚌寺罗色林扎仓；

锡德林热振活佛，属色拉寺结巴扎仓；

丹吉林第穆活佛，属哲蚌寺罗色林扎仓；

另外，还有：

策觉林策觉林活佛，属色拉寺麦巴扎仓；

木鹿寺第朱活佛，属哲蚌寺罗色林扎仓。

以上这些大寺院的住持活佛都取得了甲波朱古的名号，都有当摄政的可能。虽然他们都有自己的喇让，但他们是三大寺的磋钦朱古，分别属于三大寺的不同扎仓。此外，甘丹赤巴也具有当摄政的资格。

至于那些不是甲波朱古的磋钦朱古，虽然没有当摄政的资格，但是在政治、经济和宗教上的地位都是很高的，可以享有种种封建特权。

扎仓朱古不必通过噶厦政府批准，申请人在三大寺内部即可提出申请，然后给本扎仓的全部僧众放一次茶和布施，免不了还要给主事人员送礼行贿，经过寺院喇吉批准，就可取得扎仓朱古的地位。扎仓朱古地位比磋钦朱古低，内中也有大、中、小之别。所有这些活佛系统中的等级差别，都是封建农奴制社会中的等级制度在寺院内部的反映。

如前所说，达赖、班禅是不在磋钦朱古和扎仓朱古之列的，达赖是三大寺系统的最大的活佛，班禅是扎什伦布寺系统的最大的活佛，他们远超出于其他活佛之上，可以说他们是一种特殊情况。除此以外，甘丹赤巴以及他的两名候选人夏孜却杰和绛孜却杰也可以算是例外的情况。

凡是具备活佛资格的人都有各自的喇让，即上层僧侣的公馆。严格地说，喇让是上层僧侣私人公馆中一个管理行政事务的机构，后来人们把这个机构名称的含义扩大了，于是连同整个的公馆都叫作喇让了。

一个普通的活佛，他的喇让由一名强佐主持一切事务，强佐以下还有管理具体事务的小管事。而大活佛，例如甲波朱古，他的喇让的主管人就不叫强佐，而叫扎萨（原为蒙语，是一种官职名），在扎萨以下还有许多大小管事。

达赖、班禅的喇让叫作颇章（意为宫殿），如布达拉宫是达赖的颇章，德钦颇章是班禅的颇章。颇章中主管事务的人叫基恰堪布，都是由达赖、班禅最亲信的人来担任。基恰堪布手下还有索本堪布（管理饮食）、森本堪布（管理起居）、却本堪布（管理法事）等三个堪布，合称“索森却松”，在他们手下，又各有一些办事人员。

黄教僧人的来源，归纳起来不外以下几种情况：有的是封建农奴主以支“僧差”的名义强迫来当僧人的；有的是受人雇佣，代替别人来当僧人的；有的是从小被虔信宗教的家长送来当僧人的；有的是出于宗教信仰真心为学佛修善自愿来当僧人的；有的是生活无着，到寺院来寻求生活出路的；还有的是藏族农奴主为了统治人民群众而出家为僧的。此外，还有汉、蒙古、土等民族的僧人以及个别外国僧人，他们分别基于不同的目的而来出家为僧。

僧人进入寺院以后，按其学习、生活及其他具体情况，可分为以下几类：

1. 专门接受当宗教职业者的一套训练，这部分人包括学念经、念咒、降神、打卦的一些僧人；

2. 学习某些专门知识和技术的人，例如学习藏医、历算、绘画、雕塑、铸佛像、刻经版、印经等行业的僧人；

3. 专门做寺内的体力劳动及杂务的，还有一部分是武装僧人，即“朵朵”；

4. 担任寺院各级组织机构的僧职人员；

5. 正规的学经僧人，即贝恰哇，意即念书的人，他们约占全体僧人的四分之一。这批贝恰哇专门学经，一步一步地升班，最后考取格西学位。这部分人虽然人数少，但他们是黄教僧人中的正统派。

当然，其他僧人在开始进寺学习时，也可以叫作贝恰哇，只是逐渐地就有许多人由于经济力量不足或其他原因而不得不停止学经了，真正能走完贝恰哇僧人学经的全部过程的人是不多的。

从以上僧人的分类，可以想象到黄教僧人内部的复杂性。他们之间的差别悬殊，从程度上来说，有的在入寺以前就已经在佛学上有了比较深厚的基础，有的入寺几年后仍然是文盲；从年龄上看，有六七岁的小孩，也有六七十岁高龄行止困难的老人；从阶级出身看，有的是转世活佛，有的是大贵族子弟，也有一贫如洗的农牧奴。因此，对黄教僧侣集团，绝不能因为他们每个人都披着一件红色僧衣，而把他们看成是一个超阶级的人们集合体，也不能把他们看成是一个阶级相同的人们集合体。有的人把黄教僧人统统说成是剥削阶级，那是不对的。我们可以一点也不过分地说，僧侣集团的内部即是世俗社会的翻版，在僧侣集团中可以找到封建农奴制社会的影像。世俗社会等级森严，僧侣集团中也是一样，世俗社会存在阶级剥削和压迫，僧侣集团中也有同样的内容。当然，僧侣集团与世俗社会是有一些差别的，我们下面具体介绍它的一些特点。

拉萨三大寺向例对来寺院当僧人的人不收学费，而且还给宿舍和一部分生活津贴。只是寺院不负责提供老师，老师要由僧人自己花钱去找。还有，寺院虽然不收学费，但是作为一个僧人是需要向寺院尽一定的义务的，要给寺院当差。前面提到的康村中的格根和巴夏哇，就是当差服劳役的性质，这种还算是比较高级的差，称为“根差”，意思是具有一定资历的人当的差。巴夏哇以下的普通僧人当的差，名叫“宣差”，意思是年资浅的人当的差。一个僧人要想不当差，就得花钱买上一个资格，免掉一部分乃至全部的差役。对于这种不平等的待遇，藏传佛教是承认其合法性的，因为它可以用佛教的因果说教来加以解释。

在三大寺中，能够免掉差役负担的具有特殊身份的人主要有两类：

一是活佛，凡是朱古就可以免掉一切差役负担。二是群则，群则的意思是说能够贯彻佛教教义，足以为人师表，这是为那些虽没有活佛身份，但又有一定财力的富裕人家出身的僧人设立的。根据出钱的多少，群则分为磋钦、扎仓和康村三级，前两级可以免除全寺性的一切劳役，康村群则只免康村一级的劳役。

得到豁免差役的特殊身份的僧人，在学经方面当然比没有豁免差役的人方便得多。一般僧人从入寺到考取格西学位要 20 年，从字母学起的幼童要 25 年，但是如果免除差役，可以提早十年的时间完成全部学程。在一些人看来，花上一笔钱来买一个免掉差役负担的资格，还是合算的。

学经僧人进入三大寺以后，寺院不考虑他们的年龄和学历，一律以扎仓为单位把他们编入预备班“堆扎”学习。由预备班升入正班，有的只需几个月，有的则要好几年。拜老师一般要根据自己的经济情况，富裕的找个好一些的老师，经济力量不足的只能找个差一些的老师，根本没有力量请老师的，只好替人干活，从一开始就当不成贝恰哇。对于僧人的学经情况，寺院方面从来不加督促，不加考核。

一个学经僧人从预备班转到正式班，主要是由自己的老师推荐，一旦升入正班后，就可以逐年升级。各寺的班级划分不同，哲蚌寺分十五级，色拉寺和甘丹寺分十三级。升级的办法很机械，不是根据学问的大小、程度的高低，而是到了时间就升级，没有跳级或留级的。升到最高一级“增扎当波”后，无法再继续升级，因此，在“增扎当波”中没有年限的限制，应该学习的经典都学完了的，要在这一级中等候考取格西，没有学完应学经典的，也要在这一级中补学，以准备考取格西，无法补学课程的，就从这一级转到其他部门去，或是回乡另谋出路，有的就在这最高班级里终老一生。

三大寺的僧人每天早晨要上早殿。上早殿时有噶厦政府发放的酥油茶，僧人们可顺便解决早饭问题。早殿以后，如果有施主发放布施，僧人们就排队领取布施，如果没有，便回自己的康村去念经，然后到法园去听堪布传经和练习辩论。

黄教很重视辩论，这种辩论就是因明的三支体系（即宗、因、喻）的逻辑推理，用这种办法来辩证佛教的教义。比如先立一宗——“凡人皆有死”，接下来，第二支是因——“因为人是具有生、住、异、灭的一个生物”，但这还不够，还要有个喻，即譬喻——“牛、羊、犬、马都是具有生、住、异、灭的生物，也都有死”，这样才算完整。黄教就是采取这样的方式互相辩论，以使学经的人思想清楚，立论不倒，这可算是黄教的一个特色。

黄教寺院的辩论主要有两种方式，一种叫立宗辩，一种叫对辩。立宗辩是最常见的辩论，由立宗人树立一宗，并且为此而进行辩论。特点是立宗人只能就对方提出的问题加以解答，不得反问和发挥。往往问难的人拍掌高呼，挥舞念珠、帽子，手拉立宗人衣角或拍打他的身体，或作各种奚落揶揄姿态，有时还转过身来请观众定评，有时两三个人你拉我扯争相问难。对辩，由两个人进行，先由甲提问乙回答，告一段落后，再由乙提问甲回答，问答的方式和立宗辩差不多，只是不像立宗辩那样经常举行。

在这两种辩论中，答辩人必须保持高度的镇静，集中精力回答问题，不能因为问难的人态度不好而发火。特别是立宗辩时，问难的人有时做得过头，近乎人身攻击，但立宗人都要忍耐得住，不能因辩论而发生纠葛。

在法园的课业结束后，僧人们又回到自己康村的大殿中成排坐下，由康村再放一次酥油茶，僧人自己带糌粑就可解决午饭问题。康村之间贫富相差悬殊，不是每个康村每天中午都放茶，在康村不放茶时，僧人们就回宿舍自己熬茶吃饭。

约在下午五点钟，僧人们又要到扎仓的法园中，由扎仓的翁则领着念一遍经，念完以后，有的还要在那里进行辩论，时间长短不一，有时可能拖到晚上九点以后，然后僧人们回到各自康村的院子里，背诵经文，必须等康村格根检查以后，才能回到宿舍去睡觉。

三大寺的学经僧人，一个学年分成两个学期，学期称为“却拉”，意为法园，因为学经活动都是在法园进行，所以却拉引申为学期的意思。上期却拉从藏历新年以后开始，色拉寺是从正月二十六日开始，哲蚌、甘丹两寺是从二月初三开始，一直学到六月中旬。在这四个半月中，除了二月中、下旬僧人们要到拉萨参加十二天的“奉献会”（汉名传小召）以外，还有四个月，分成为四个单元，在每个单元完毕以后，都有一段时间长短不一的休假，藏语叫“却仓”，到六月份学期终了，有一个半月的大休假，藏语叫“却仓钦波”。

从藏历八月初到腊月下旬是下期却拉，具体的日期各有不同，哲蚌寺从八月初三开学，色拉寺是八月初八，甘丹寺是八月初十。下期却拉也分几个单元，每个单元结束时也有休假，到腊月中下旬便告结束。这时僧人们便忙于准备参加一年一度在拉萨举行的祈愿法会了。祈愿法会结束后，僧人们各自回寺，新的学年又将开始了。

寺院对僧人学经并没有正式的考核制度，学满一年即随班升一级，各班在法园里都有固定的座位，不许混杂。升到最后一级时，如果学经僧人认为自己学完了应该学的功课，具备了一定的水平，希望寺院对自己有所了解而不致怀才不遇，他可向扎仓中管理学经事务的雄来巴请求准许他参加一次辩论，得到允许后，还要等很长时间，有时须等两年之久才能参加辩论。这种辩论的过程是，从第一学期起就在各康村间辩论，到学期将结束时，由两个关系比较密切的扎仓互相交换这些要求表现自己才能的僧人，进行一次扎仓内的辩论，这些辩论都是立宗辩。到七月中旬，这两个关系密切的扎仓还要在磋钦大殿上进行一次正式辩论。这次是两个扎仓的僧人进行对辩，全寺的僧人都可以参观。通过这一系列的辩论，对那些完成学业的僧人的水平高低，似乎可以得出一个比较共同的认识，这可以算是寺院对学经僧众的唯一的学业考核了。应该说，黄教的这种通过辩论学经的方法，对促使僧人熟读和背诵经典，锻炼口头表达能力是有作用的，但是采取这种单一方法培养出来的僧人，往往只是背诵和重复经论上的说法，缺乏主动钻研和创造性的发展。

四、学经僧人的学位制度

黄教僧人显宗经典的学习——格西的等级——格西的考取——举巴扎仓的概况——甘丹赤巴：黄教学经僧人的最高进阶

黄教僧人的学位总的名称叫格西，意为善知识，或良师益友。这个名称的起源很古，在吐蕃时期所立的《噶琼寺赤德松赞盟书誓文碑》中，就有赞普子孙要从僧人中选任善知识学习佛教的记载。到黄教兴起后，格西成为学位，只授给修显宗达到一定程度的人，而不是授予修密宗的人。所以在介绍黄教僧人的学位制度以前，先要说明一下黄教僧人显宗经典的学习。

无论是在三大寺还是在扎什伦布寺，在显宗扎仓学经的僧人所学的教材都是“五部大论”，这五部论著的作者都是印度人。现在按学习的先后顺序介绍如下：

1.《量释论》，作者法称。这部书主要是评论和解释另一印度人陈那的《集量论》。《量释论》是讲佛教因明的书，是学习方法论的著作。学完这部书，大约需要两年的时间，同时，僧人还要学习贾曹杰和克主杰为此书所写的注释评论等有关参考书。

2.《现观庄严论》，作者慈氏。这部书着重讲“定”学，共分八品，前三品解释境，即学佛的人应明之境，次四品解释行，即学佛的人应修之行，后一品解释果，即学佛的人最后证得的果。依成佛的次第，讲“般若”（即波罗蜜多）的教义。黄教僧人学习《现观庄严论》时还要读宗喀巴和贾曹杰等人对这部书的注疏，修习此课，需时两年。

3.《入中论》，作者月称。本书主要是解释和阐明龙树的《中观论》，全书共分十品，从发菩提心讲到佛果功德，其中第六品解释慧波罗蜜多，是全书的主要部分。还有宗喀巴的有关著述作为辅助教材。学习这部书也需要两年时间。

4.《戒律本论》，作者功德光。这部书是专讲僧人行动规矩的，包括佛教各部的戒律在内，比“说一切有部”的戒本广泛得多，是一部戒律通论性质的书。其中分为十七事三科，即未得戒如何得戒之法，既得戒后如何守护之法，若有违犯如何遵律还净之法等三部分。辅助读物有根敦主为此书写的注解。学习此书，需时五年。

5.《俱舍论》，作者世亲。主要讲佛教徒的世界观和人生观。全书分为八品，前二品解释世间与出世间所共之法，次三品解释流转轮回之因果及次第，后三品讲证得解脱之法及次第。以根敦主对这部书写的注释为辅助教材。学习这部书没有规定具体的时间。

除以上“五部大论”以外，其他课程内容可以按照扎仓的不同情况自行安排，并无硬性规定，而这“五部大论”则是各显宗扎仓共同的必修课程。

格西的等级拉萨三大寺与扎什伦布寺不大相同，这里以三大寺系统为例。三大寺的格西共分四个等级：

第一等是拉然巴，意思是拉萨的博学高明之士；

第二等是磋然巴，即全寺性的卓越高明的人；

第三等是林赛，意思是从寺院里选拔出来的有才学的人；

第四等是朵然巴，意思是在佛殿门前石阶上经过辩论问难考取的格西。在色拉寺这一等格西又叫日然巴。

格西中的一、二两等需经噶厦政府最后审定，拉然巴每年取十六名，第一名至第七名按名次排列，第八名以后不列名次顺序。磋然巴每年十名，水平比拉然巴低。

第三、四等格西，林赛每年每寺八名，朵然巴每个显宗扎仓每年一名。这两种格西的考试和认定，不必经过噶厦政府，由各寺自行掌握。

以上这些格西的名额的规定，并非一成不变，有时也可突破，多录取几名。

考格西大致在每年八月份，以扎仓为单位在法园里举行。考试的方式仍然是辩论，由扎仓的堪布主持。每个考格西的人都要经过五位高级僧侣的问难，每个高僧主问一部大论，一般的顺序是先问《俱舍论》，再《戒律本论》，再《入中论》，再《现观庄严论》，最后问《量释论》。考题由堪布决定，考试时口授给问难的高僧，每部经典只问一次，围绕一个中心进行问答。考后的第二天，堪布把全体参加考试的人员召集在一起，名义上是按照他们的考试成绩宣布被录取为哪一个等级，实际上寺院的当权分子往往在事先就作了决定。考取格西固然要看佛学知识，但是以送礼、行贿等手段买通寺院上层，也是很重要的一个关键。

凡考取第一、二等格西的，都要经过两次复试，一次是十月间在罗布林卡举行，第二次是在正月的祈愿大会期间复试拉然巴格西，在二月的传小召会上复试磋然巴格西。其实这些复试大多是走走形式而已。在祈愿大会上复试拉然巴格西时很讲究排场，复试结束后，由甘丹赤巴率领考取拉然巴格西的人从大昭寺出来绕行大昭寺一周，以示荣耀，参观的人也很多。到复试磋然巴时，盛况就不如拉然巴了。至于林赛和朵然巴，在寺院考试一次就决定了，不用复试。

考取格西以后，新的格西要向全扎仓的僧众每人放茶一碗，冒尖的干粥一碗，还要发放布施。三大寺每个扎仓的僧人人数少的也在千人以上，光是这一次茶饭和布施，花费就很可观了。但是最大的花费还不在此，花在贿赂上级，请客送礼上的钱比布施给僧众的要多得多。有人统计，考一个拉然巴格西，前前后后花去的钱，有时可达四万两藏银。像磋钦朱古这类大活佛考格西，向例都是拉然巴格西的前几名，这主要还是因为他们花的钱多，有时一个人的花费可达二三十万两藏银。像林赛、朵然巴花钱虽然比拉然巴、磋然巴少些，但也绝不是一个普通僧人所能负担得起的。获得格西学位的人，尤其是拉然巴格西，在藏族社会中享有很高的地位，受到极大的尊敬。藏族人民对考格西的人也尽力布施供养，并认为这是一种“功德”。

最后，介绍一下黄教僧人修习密宗的情况。如前所说，拉萨有两个专修密宗的扎仓，即上、下密院，它们共有五个康村，僧人定额为 500 人。凡是三大寺的僧人，在得到格西学位以后，若有志于在密宗方面进一步深造，就必须进上、下密院学习。

上、下密院也称为举巴扎仓，它们与三大寺里的阿巴扎仓不同。阿巴即是俗称的巫师，他们吃噶厦政府的俸禄，专管念咒，挡风、防雹、祈雨、降神等。三大寺的阿巴扎仓中学习密宗的僧人叫作阿巴扎巴，表明他们是普通僧人的身份，只是他们不学显宗而专攻密宗，而进入举巴扎仓的人都是显密兼通的僧人，所以他们被称为“喇嘛举巴”，说明他们已经是喇嘛而不是普通的僧人了，他们的身份已经比阿巴扎仓的僧人高一级了。

上、下密院里的僧人，有一部分在人寺以前已考取了格西学位，他们是密院的正宗僧人，称为“佐仁巴”，另一部分是具有三大寺的僧籍，或从其他黄教寺院里来的僧人，他们虽学过显宗，但没有取得格西学位，他们被称为“介仁巴”，类似“旁听生”。

上、下密院的喇嘛，生活制度十分严格，十分注重苦修。他们每天要上四堂殿，第一堂殿半夜两点就开始了，无论寒暑，都得坐在用鹅卵石铺的固定的位置上修炼，而且一律赤足，可见十分艰苦。因此，有许多已经考取格西学位的人，没有勇气来这里深造，也有的人到这里来报个名便退学，上、下密院里退学的人很多，随时都可离去，寺院方面并不加以限制。但是，作为一个喇嘛举巴，在藏族社会上受到人们的普遍重视，因为黄教的教主——甘丹赤巴照例是从上、下密院里产生的。因此，前来密院求学的，依然不乏其人。

从宗教意义上讲，甘丹赤巴是黄教的教主，同时也是黄教的第一个根本寺院甘丹寺的法台。这个职务开始是终身职，后来由于黄教寺院制度发展得逐渐完善了，建立了上、下密院，甘丹赤巴就从这两个密宗寺院里产生，并且规定七年一任。到民主改革时，甘丹赤巴已经是第九十七任了，这是因为有许多人任期未满就因老病去世的缘故。

一个黄教的学经僧人，要想高升到甘丹赤巴，首先要在三大寺学完显宗课业，取得拉然巴格西学位，然后进入上或下密院，做一名佐仁巴。这样，就可以按照年龄资格，等候升级。上、下密院中升级的次序是，由佐仁巴升为格郭，再升为喇嘛翁则，也有不经格郭而直接当上喇嘛翁则的。从喇嘛翁则开始，任满三年可以升为堪布，三年后，再升为堪苏。然后，上、下密院的堪苏分别有各自的升级机会，上密院的堪苏可以按照年资升补为夏孜却杰，下密院的堪苏可以按照年资升补为绛孜却杰，这两个职位名义上分别是甘丹寺的两个扎仓的法尊，到了这一步，就算当上了甘丹赤巴的候选人。双方轮流，七年一届，升任为甘丹赤巴，任满后，给予一个荣誉称号，叫作“赤苏”，一般到了当赤苏时，也就没有几年寿命了。

一个学经僧人，全凭自己的学问升级，即使在一帆风顺的情况下，升到甘丹赤巴也要50年时间，许多人往往还没有登上这个宝座，在升级的过程中就死掉了。正因为如此，一般大农奴主、贵族出身的僧人并不热衷于追求这个地位，他们在学经完成之后，就去谋求其他出路了。

当上了甘丹赤巴的人，生前是教主的地位，死后便是活佛，具有转世资格，因此，又有人把甘丹赤巴按对活佛的称呼叫作“赤仁波且”。甘丹赤巴受到的社会礼遇是很高的，他出行时有人给他开道，有人给他捧着檀香炉，还有人为他打一把杏黄色的伞盖，在西藏除了达赖、班禅和萨迦法王以外，只有甘丹赤巴才能享有这种待遇。普通人见到他要跪倒即拜，请他摩顶消灾，一些大贵族也常把他请到家里去念经，对他进行供养。就是达赖喇嘛见到他，也要站立起来，向他致敬，他还可以和达赖坐在一起，这在西藏封建农奴制社会中，是很崇高的特殊优待了。

我们认为，对甘丹赤巴的优待，不过是有意标榜。其用意是向僧俗群众表示，一个普通的学经僧人，只要他好好地学经，就可以逐步地升到这一崇高的地位。这也是让那些不能当活佛、不能当僧官的普通学经僧人安于寺院的清苦生活，埋头学经的个一手段。